LES PETITS
VÉTÉRINAIRES

TEMPÊTE À LA CLINIQUE

L'auteur

Laurie Halse Anderson est un auteur américain qui a publié plus d'une trentaine de romans pour la jeunesse et remporté de nombreux prix, dont le Edwards Award et le National Book Award.

Dans la même série

1. *Chiots en danger*
2. *Sans abri*
3. *Une seconde chance*
4. *Sauvetage*
5. *Un ami pour la vie*
6. *Pris au piège*
7. *Une leçon de courage*
8. *Chasse interdite*
9. *Un obstacle de taille*
10. *À tire-d'aile*
11. *Mascarade*
12. *Course contre la montre*
13. *Un nouveau départ*
14. *Sans défense*
15. *Une vie meilleure*
16. *Abandonnés*
17. *Oublié !*
18. *Un apprentissage difficile*
19. *Urgences*
20. *Tempête à la clinique*
21. *Toutes griffes dehors*

Laurie Halse Anderson

LES PETITS VÉTÉRINAIRES

TEMPÊTE À LA CLINIQUE

Adapté de l'anglais (États-Unis)
par Kidi Bebey

POCKET JEUNESSE
PKJ·

Titre original :

VetVolunteers
20. Thankful

Loi n° 49-956 du 16 juillet 1949 sur les publications destinées à la jeunesse : novembre 2019.

ISBN 978-2-266-28197-3

Dépôt légal : novembre 2019

Chapitre 1

Brrr ! Il fait un froid glacial ce matin. Le temps a vraiment changé depuis début novembre. Sans mon manteau, je grelotte en allant chercher le courrier dans la boîte aux lettres. Mon chien Baskets trottine devant moi. Il est pressé de rentrer, lui aussi.

En remontant l'allée vers la clinique, je passe en revue les enveloppes : des dizaines de publicités de laboratoires et de fabricants d'accessoires pour animaux. En tant que directrice de la clinique vétérinaire, Grand-mère en reçoit toujours beaucoup. Tiens, cette fois, ils proposent un collier phosphorescent pour chien ! Et une eau de toilette pour chat parfumée à la rose. Quelle drôle d'idée !

Il y a même un échantillon. Pas sûr que Socrate me laisse lui en mettre. Je l'imagine déjà en train de détaler d'un air indigné : « Pouah ! Je suis un chat, moi, pas un bouquet de fleurs ! »

Je parcours de nouveau rapidement les enveloppes. Aucune ne m'est adressée. J'espérais tant recevoir une lettre de maman ! Lorsqu'elle tourne un film, comme en ce moment, elle est tellement prise par son travail d'actrice qu'elle me confie à Grand-mère durant quelques semaines. Le temps de mon séjour, je vais au même collège que ma cousine Sophie, qui habite ici depuis qu'elle est toute petite. Heureusement je suis bonne élève ; j'arrive à suivre les cours sans difficulté ! Pourtant, ce n'est pas simple d'être ballottée entre deux établissements.

Je suis déçue. Maman aurait pu faire un effort pour Thanksgiving. Bien sûr, elle m'envoie des messages et elle m'appelle dès qu'elle le peut, mais aujourd'hui, je m'attendais à recevoir une carte de vœux spéciale. Chez nous, cette fête est presque aussi importante que Noël. Tout le monde se rassemble en famille pour déguster de la dinde rôtie à la sauce aux cranberries, des patates douces, du potiron, des courges… Mmm… J'en ai l'eau à la bouche.

Ce qui est génial, quand j'habite chez Grand-mère, c'est que je peux aider à la clinique. J'adore ça ! Nous sommes toute une équipe de bénévoles à nous relayer. Il y a Isabelle, Clara, David, les jumeaux Samuel et Julie… et bien sûr Sophie et moi, Zoé.

Je relève la tête en entendant des bruits de pas dans l'allée. Une dame tirée par un gros labrador me dépasse. Je me précipite pour leur ouvrir la porte de la clinique, Baskets sur les talons. La dame me remercie d'un sourire et s'exclame, tout essoufflée :

– Mon Ginger est souvent excité à cette période de l'année. Ça doit être le vent d'automne qui lui donne des ailes ! À propos, il paraît qu'il va y avoir une grosse tempête ce week-end.

Comme pour lui donner raison, le vent se lève et je lutte pour refermer la porte derrière moi. Je me retourne vers la dame et lui réponds poliment :

— J'ai entendu dire qu'il y aurait de grosses chutes de neige, surtout demain, pile pour Thanksgiving.

Mes pensées repartent un instant vers maman. J'aimerais tant être avec elle à la maison et non à l'autre bout du pays, ici à Ambler ! Nous habitons en Californie, où il fait beau la plupart du temps.

Au lieu de geler, nous irions toutes les deux bronzer sur la plage…

Il est 10 h 30. Ce matin, les consultations sont exceptionnellement assurées par le docteur Gabriel, qui remplace Grand-mère. Mélissa, la technicienne vétérinaire, est venue également en renfort. Dans la salle d'attente, j'aperçois un petit monsieur chauve, accompagné d'un chihuahua, et un autre très grand, vêtu d'un anorak, avec deux caisses à chat. Une dame âgée que j'ai déjà vue, chaussée de bottes de pluie rouges, attend aussi avec sa fille, un panier à chat sur les genoux.

En entrant, la maîtresse de Ginger s'arrête un instant et jette un regard à la ronde, le temps de retirer ses gants un doigt après l'autre. Son labrador a retrouvé son calme, sans doute parce qu'il fait bon dans la pièce. Sophie se tient debout derrière le comptoir d'accueil. Elle me lance un clin d'œil joyeux quand je dépose le courrier devant elle.

— Tu te rends compte ? Il va neiger pour Thanksgiving ! C'est magique, non ?

On a beau être cousines, on n'a pas toujours la même vision des choses, elle et moi.

— Bof ! Tu sais bien que je déteste la neige.

L'homme à l'anorak de cuir renchérit, d'une voix lugubre :

— La neige, c'est peut-être beau quand ça tombe, mais… avec le froid… gare au verglas ! Et d'après les infos, cette chute de neige pourrait tourner au désastre.

Je regrette que ce client ait ouvert la bouche. Il est tellement sinistre qu'il nous fait tous frémir. Seule la maîtresse de Ginger ne se laisse pas impressionner.

— Pff ! fait-elle en s'approchant du comptoir. Ces météorologues, ils exagèrent toujours ! Et ils se trompent le plus souvent. Moi, je parie que tout le monde va se débrouiller pour être bien au chaud en famille, juste à temps pour manger sa part de dinde. Vous verrez !

Je jette un coup d'œil par la fenêtre. Un tapis de nuages bouche l'horizon. Impossible de deviner ce qui se trame pour l'instant. Pourvu que…

Ginger remarque soudain la présence de Sherlock. Notre vieux basset est recroquevillé dans un coin de la pièce ; il a trouvé refuge contre un radiateur. Le labrador se dresse sur ses pattes et s'approche de lui. Il le bouscule gentiment en poussant sa truffe contre la sienne. Sherlock ne réagissant pas, Ginger commence à lui tourner autour. Le basset finit par ouvrir un œil, avant de le refermer à nouveau, totalement indifférent. En général, il déteste qu'on le dérange, mais cette fois, c'est pire, car il a été malade le mois dernier et il est encore convalescent.

Je vais ramasser la laisse de Ginger et je le ramène à sa maîtresse. Depuis quelques minutes, Sophie lui pose en vain des questions afin de remplir une fiche de renseignements ; mais la dame la prend de haut.

— Je préférerais parler directement au docteur Macore, affirme-t-elle. C'est personnel.

Je sens une pointe d'agacement dans la voix de Sophie quand elle lui répond :

— Encore une fois, je suis désolée, mais elle n'est pas disponible avant lundi.

Aussitôt, la dame s'écrie d'un air choqué :

— Quoi ? Pas avant lundi ? Mais c'est impossible, voyons ! Prévenez-la tout de suite que je suis là avec mon chien ! Elle nous connaît bien, vous savez. Elle comprendra que je n'insiste pas pour rien. Elle doit ausculter Ginger, c'est urgentissime !

Je regarde le labrador. Il semble en pleine forme. Alors quel est le problème ? Sophie est obligée de lui donner des explications supplémentaires :

— Non, madame. Excusez-moi, mais je ne vais pas pouvoir. Le docteur Macore n'est pas à la clinique. Elle est allée assister à une conférence à San Francisco. En revanche, le docteur Gabriel est là et…

La dame lui coupe la parole et s'égosille sans l'écouter :

— C'est à elle que je veux m'adresser ! Comment faut-il que je vous le dise ? C'est très important !

Sophie et moi échangeons un regard complice. Quelle mégère ! Nous voyons parfois passer des spécimens comme elle, à la clinique : des gens impolis et pressés qui veulent qu'on s'occupe d'eux avant tout le monde. Il faut dire que la clinique de Grand-mère est connue dans la région. Tout le monde sait que Doc'Mac, comme on l'appelle, est prête à se dévouer jour et nuit pour soigner les animaux.

Notre grand-mère n'est pas une mamie ordinaire. Elle est plutôt du genre à se lever aux aurores et à abattre le travail de deux ou trois personnes en une seule journée. Sauf qu'à force de se démener, sans jamais prendre de vacances, elle finit par se fatiguer. Alors, il y a quelques semaines, quand elle nous a dit qu'elle était invitée à une conférence en Californie, ma cousine et moi avons pensé qu'il fallait à tout prix qu'elle y aille : c'était l'occasion rêvée de la forcer à prendre quelques jours au soleil. Mais quelle histoire pour la convaincre ! Elle refusait de s'absenter de la clinique et de nous laisser. Qui plus est, le jour de Thanksgiving ! Nous lui avons pourtant répété qu'à notre âge, ce n'était pas si grave de ne pas être ensemble pour la fête.

Résultat : Grand-mère a pris l'avion hier matin, mardi. De cette manière, elle assistait aux conférences hier et aujourd'hui. Elle rentrera demain dans la soirée, avant le week-end. Tout est réglé, au détail près. Son associé, le docteur Gabriel, la remplace jusqu'à 14 heures. Après quoi, la clinique fermera jusqu'à lundi matin. Sophie et moi, nous comptons bien profiter de ce Thanksgiving exceptionnel. C'est la première fois que nous nous retrouvons toutes seules à la maison pour faire comme bon nous semble. Chouette programme, non ?

Sauf que les ennuis commencent déjà…

— Mais puisque je vous dis que c'est urgentissime ! insiste la dame, d'une voix très haut perchée.

— Je ne comprends pas, reprend Sophie patiemment. Votre chien est malade, mais vous ne voulez pas voir d'autre vétérinaire que Grand-mè… que le docteur Macore ? C'est ça ? Parce que le docteur

Gabriel est là, et bien entendu, il est parfaitement compétent.

Au lieu de répondre, la cliente pince les lèvres, un peu gênée.

— Hum ! hum ! En fait, Ginger n'est pas exactement malade, mais on doit prendre l'avion tout à l'heure pour La Nouvelle-Orléans. Je ne pourrai pas monter dans l'appareil si je n'ai pas le carnet de vaccination de mon chien à jour, vous comprenez ? La compagnie aérienne me demande de prouver qu'il n'est ni dangereux ni contagieux. Non, mais franchement ! Il suffit de le regarder : il est en pleine forme, ce chien, ça se voit au premier coup d'œil.

Je suis passée derrière le comptoir pour épauler Sophie. Je consulte le dossier de Ginger. Impossible de laisser ce labrador voyager : ses vaccins ne sont pas à jour.

— Je suis désolée, madame, dit Sophie, toujours aussi calmement. Votre chien n'a pas eu son dernier rappel de vaccin contre la rage. Cela fait…

— … un an de retard ! je termine à sa place.

J'ai parlé d'un ton sec. J'avoue que cette femme commence à m'agacer. Elle réplique aussitôt :

— Justement, il faut faire vite ! Pourquoi vous croyez qu'on est là ? Je veux qu'on le vaccine tout de suite.

Mais quel sans-gêne ! Elle croise les bras et nous toise, sûre d'elle. Elle se comporte comme si elle venait de nous donner une leçon, alors que c'est elle qui a tort. Elle a négligé son chien et maintenant qu'elle est pressée, on devrait se dépêcher de le vacciner juste pour l'arranger ? Cette fois, je sens que Sophie perd patience. Elle s'apprête à faire une remarque, mais au moment où elle va parler, je pose la main sur son bras.

— En fait, dis-je, en m'efforçant de garder mon calme, même si on le vaccine aujourd'hui, votre chien ne pourra pas voyager. Il faut laisser passer cinq jours pour avoir l'autorisation de prendre les transports aériens.

La dame pousse un cri.

— Comment ça, cinq jours ? Allons, allons, vous ne savez pas ce que vous dites. Cinq jours… Pas question !

Tout en parlant, elle tapote nerveusement le comptoir du bout des doigts.

— Écoutez, jeune fille, je dois absolument parler à un vétérinaire. Allez donc me chercher le remplaçant du docteur Macore.

En guise de réponse, je lui lance un regard noir. Sophie, quant à elle, pousse un énorme soupir. Encore un de ces adultes qui s'imaginent que nous n'y connaissons rien. Je prends une profonde inspiration avant de répondre :

— Très bien. Je vais aller voir si le docteur Gabriel peut vous recevoir.

C'est alors que la fille de la vieille dame aux bottes rouges se lève et déclare, la bouche en cœur :

— Hum, hum, excusez-moi mais… dans ce cas, vous pourriez peut-être prendre Baronne, la chatte de ma mère, avec vous. Nous nous sommes mis d'accord avec le docteur Gabriel pour vous la déposer en passant.

— Oh, excusez-moi ! s'écrie Sophie en rougissant. Je n'avais pas compris. Je pensais que Baronne était là pour une consultation.

Le monsieur chauve s'agite. Son chihuahua se met à aboyer.

— Et Isidore ? demande-t-il en le montrant du doigt.

L'homme à l'anorak se redresse à son tour sur sa chaise et brandit ses deux caisses à chat.

— Et mon Othello ? Et mon Harley ? Ça fait un petit moment qu'ils attendent. Eux aussi doivent passer le week-end en pension ici.

Je sens le ton monter. J'ai pourtant déjà vécu de telles situations à la clinique : des gens qui arrivent au dernier moment, la veille d'un long week-end, et qui en plus communiquent leur stress à leurs animaux… Le comble ! Cette fois-ci, il n'y a pas grand monde, mais c'est tout de même plus compliqué sans Grand-mère. Et sans tous les autres bénévoles qui sont partis dans leurs familles pour les fêtes.

Je me tourne vers ma cousine.

— Écoute, j'emmène les chats pensionnaires au chenil, dans leur box, et toi, tu t'occupes de l'administratif, d'accord ?

Elle acquiesce d'un hochement de tête. Le monsieur à l'anorak entrouvre la caisse de son premier chat pour me le montrer. C'est un chartreux au pelage soyeux et aux grands yeux bleus magnifiques. Mais il n'a pas l'air commode. Quand je m'approche pour le prendre, il m'accueille d'abord par un grognement.

— C'est Othello, m'indique son maître.

L'autre chat, Harley, est un chat de gouttière au beau poil rayé. Plus détendu, il accepte gentiment de se laisser emporter. Je dépose les deux caisses dans le couloir. Je vais ensuite chercher Baronne. Elle me semble à l'étroit dans sa cage et, quand je la soulève, je la trouve anormalement lourde. Sa maîtresse répond à mon regard :

— Oui, elle a grossi. J'avoue qu'elle mange trop ces derniers temps…

J'entrouvre le panier et je glisse ma main pour lui caresser doucement la tête. C'est curieux, elle ne réagit pas. D'habitude, les chats ronronnent pour avoir des câlins. Les yeux clos, elle ne semble pourtant pas dormir. Sa passivité m'inquiète. Pourvu qu'elle ne soit pas malade.

Chapitre 2

En passant dans le couloir pour emmener tout mon petit monde au chenil, j'entrouvre doucement la porte du bureau. Le docteur Gabriel est à l'intérieur, en train de donner des conseils à quelqu'un, au téléphone. Il lève la tête vers moi.

— Oui, Zoé ?

Je pointe le panier du doigt.

— Heu… Excusez-moi de vous déranger, docteur Gabriel. On va avoir deux chats et une chatte en pension ce week-end, mais j'ai l'impression que la chatte est malade…

— D'accord, je te retrouve à côté. J'en ai pour une minute.

J'emmène les chats dans la salle de consultation. Le docteur Gabriel arrive un instant plus tard.

— Alors, Zoé, qu'est-ce qu'on a ?

Je pointe Othello et Harley du doigt.

— Ces deux-là ont l'air de bien se porter. En revanche, je m'inquiète pour Baronne. Sa maîtresse l'a laissée en pension, mais je ne la trouve pas en forme.

— Voyons voir ce beau chartreux, dit-il en sortant Othello de son panier de transport.

Le chat est toujours grognon, mais le docteur Gabriel réussit à l'examiner rapidement.

— Il n'est pas commode, mais tout va bien, conclut-il.

Il s'occupe ensuite de Harley.

— Pareil pour celui-ci. Tu vas pouvoir aller les installer l'un et l'autre dans un box sans problème.

— Et voici Baronne, dis-je en faisant un effort pour soulever son panier.

Le docteur Gabriel la sort délicatement. Presque aussitôt, il fronce les sourcils.

— Alors, ma minette, murmure-t-il. Qu'est-ce qui t'arrive ?

Il palpe légèrement son corps. Il soulève la tête de la chatte et lui entrouvre la mâchoire.

— Ses gencives sont pâles…

Il enfile son stéthoscope pour écouter les battements de son cœur. Puis il prend sa température. Enfin, il se tourne vers moi :

— Bien vu, Zoé ! Cette chatte a effectivement quelque chose, mais contrairement à ce que tu penses, elle n'est pas malade. En fait, elle est sur le point de mettre bas. Elle va avoir des bébés.

Mon cœur fait un bond en l'entendant.

— Apparemment, elle est en travail depuis déjà un certain temps, alors ça ne va plus tarder. Va vite voir si sa maîtresse est toujours dans la salle d'attente. Il faut la mettre au courant. Quant à moi, je préviens Mélissa, ajoute-t-il en sortant son téléphone portable de sa poche. Je vais avoir besoin d'aide.

La technicienne vétérinaire est en train de travailler dans le bâtiment annexe, de l'autre côté de la cour. Elle vient régulièrement à la clinique afin d'assister Grand-mère et le docteur Gabriel pour les vaccinations des animaux, les prises de sang, les radios. Ce matin, elle avait prévu de nettoyer la dentition d'Anton, un chow-chow en pension depuis deux jours. Il a beau ressembler à un bon gros toutou, je n'aimerais pas avoir à lui brosser les dents ! Le temps de passer par le couloir pour rejoindre l'accueil de la clinique, je vois déjà

Mélissa arriver. L'inquiétude me saisit. Le docteur Gabriel a dû lui dire que c'était urgent.

— Qu'est-ce qui se passe ? me demande Sophie en voyant mon air paniqué.

La salle d'attente s'est un peu vidée. Zut ! La maîtresse de Baronne et sa fille ne sont plus là. Je me précipite dehors pour tenter de les rattraper. Trop tard ! Elles ont dû partir en voiture. Je retourne vite à l'intérieur. Dans un souffle, je lance à Sophie :

— Passe-moi la fiche de Baronne, s'il te plaît.

Avec un peu de chance, elles ne sont pas encore trop loin.

— Et Ginger ? me demande au passage la maîtresse du labrador. J'exige de voir le docteur Gabriel...

Elle doit sentir à mon attitude que je n'ai pas le temps de lui répondre. Ma cousine me tend les informations d'une certaine Mme Zeller... Quand j'appelle, je tombe sur sa messagerie. Je recommence une fois, deux fois. Rien à faire, elle ne décroche pas. Je compose à toute allure le second numéro sur la fiche. Une voix enregistrée m'indique que le numéro n'est plus attribué. Zut ! Je chuchote à Sophie :

— Baronne va mettre bas...

Ma cousine écarquille les yeux.

— C’est génial !

Je téléphone encore une fois. Toujours rien ! Pourquoi ne décroche-t-elle pas, cette dame ? Un peu dépassée par les événements, je me tourne vers Sophie.

— Qu’est-ce qu’on fait ?

— Du calme. Je vais m’en occuper. Va plutôt voir ce qui se passe. Le docteur Gabriel doit avoir besoin d’aide. Mélissa est avec lui ?

— Oui.

Je fonce vers la salle d’opération. Le docteur Gabriel se trouve au fond, penché sur la table d’opération. Baronne a l’air faible. Mon cœur se met à battre plus vite. À côté de lui, Mélissa manipule l’appareil de radiologie.

— Je lui ai posé une intraveineuse, m’explique-t-il.

Ma gorge s’assèche, rien que de la voir comme ça, avec ce tuyau. Pauvre chatte ! Elle doit vraiment manquer de forces pour avoir besoin d’être alimentée en glucose. Y a-t-il quelque chose de plus grave qu’une simple mise bas ?

— Mme Zeller est partie. J’ai essayé de la joindre plusieurs fois, mais sans succès.

Je suis surprise d’entendre ma voix trembloter alors que je pensais parler calmement. Le docteur Gabriel relève la tête et me dévisage un instant.

— Ne t'en fais pas, Zoé. Tu as essayé, c'est ce qui compte. Mme Zeller n'a pas dû se rendre compte que sa chatte était pleine. À vrai dire, elle donne l'impression d'être simplement grosse et avec toute cette fourrure, on ne le remarque pas forcément.

Il se mord la lèvre avant d'ajouter :

— En tout cas, c'est bien embêtant…

Je sens qu'il ne parle pas seulement de l'absence de Mme Zeller. Je ne me suis pas trompée : il se passe bien quelque chose de grave. Je me décide à poser des questions :

— Pourquoi vous dites ça ? Elle peut quand même mettre bas si sa maîtresse n'est pas là, non ?

Il hésite à me répondre.

— Bien sûr, mais… Disons qu'il y a des complications. On va devoir l'opérer.

Je me sens pâlir d'un seul coup. Le docteur Gabriel me tapote l'épaule.

— Allons, allons, tu ne vas pas te trouver mal, n'est-ce pas, ma petite Zoé ? Je vais t'expliquer. Les chats persans naissent avec un petit corps mais une tête relativement grosse. Si leur maman n'a pas la morphologie adéquate, elle peut avoir du mal à mettre bas. C'est ce que je crains pour Baronne.

— La radio est prête, annonce Mélissa juste à ce moment-là.

— Viens voir, me dit le docteur Gabriel en m'entraînant vers le tableau lumineux.

Il me montre les différentes parties de l'anatomie de Baronne.

— Tu vois, ici c'est l'estomac, la rate, le foie, les intestins...

Je hoche la tête sans parvenir à bien me représenter les choses. J'ai l'impression de voir un labyrinthe de formes, en noir et blanc. Son doigt s'arrête sur une masse plus dense.

— Les chatons sont là, m'indique-t-il. Trois, apparemment. Et la radio confirme malheureusement ce que je craignais. Baronne a bien une dystocie.

Je n'aime pas ce mot. Le docteur Gabriel fronce les sourcils.

— J'aurais bien aimé pouvoir poser quelques questions à sa maîtresse... Elle ne t'a rien signalé ?

— Non. Elle m'a juste confié Baronne avant de partir.

— Docteur ! nous interrompt Mélissa. Elle est en train de s'évanouir !

Le docteur Gabriel se précipite vers Baronne et lui tapote légèrement la tête.

— Allons, allons, ma minette, il ne faut pas nous lâcher comme ça, voyons…

Il s'adresse à Mélissa :

— Le temps presse. On va devoir lui faire une césarienne maintenant. C'est la seule solution pour que les chatons et leur maman survivent.

Rien qu'en entendant le mot « césarienne », je me mets à trembler. Grand-mère m'a déjà expliqué en détail de quoi il s'agissait : on endort la chatte et on lui ouvre le ventre pour aller directement chercher les chatons à l'intérieur ; une opération chirurgicale un peu risquée pour la maman comme pour les bébés.

— Allez ! On se dépêche ! dit le docteur Gabriel.

Il me jette un coup d'œil.

— Zoé, tu te sens capable de…

Je respire un grand coup.

— Oui ! Ça va !

Il hésite encore.

— Je ne sais pas si ta grand-mère te permettrait de rester…

Je secoue la tête. J'ai retrouvé mes forces. Je veux aider.

— Comptez sur moi.

— Bon. Tu vas mettre un masque et tu resteras un peu en arrière.

Je m'efforce de me rendre utile. Pendant qu'il soulève Baronne, je vaporise du désinfectant sur la table d'opération et je l'essuie avec un chiffon spécial. Puis Mélissa étale dessus un drap chirurgical. Pendant qu'elle et le docteur Gabriel se désinfectent les mains dans le lavabo, j'actionne l'interrupteur. Durant un court instant, Baronne entrouvre les yeux, gênée par la lumière. Elle semble épuisée. Pourvu qu'elle tienne le choc ! À mon tour, je me lave les mains et je mets un masque chirurgical. Le docteur Gabriel sort un plateau d'instruments métalliques d'un tiroir. Mélissa prépare le dosage d'anesthésiant. La seringue me paraît énorme. Le docteur Gabriel porte des gants, à présent. Je vois le corps lourd de Baronne céder lentement au sommeil. Mélissa passe alors le rasoir électrique sur une petite zone du ventre de la chatte. Voilà, la partie à ouvrir est dégagée, endormie et désinfectée. Au moment où le docteur Gabriel tend la main vers le scalpel, je ne peux m'empêcher de fermer les yeux. Rien qu'à l'idée qu'il va lui ouvrir le ventre, j'ai la tête qui tourne et je chancelle. La voix du docteur Gabriel me ramène dans la pièce.

— Zoé, tu vas devoir nous laisser. Sors d'ici, s'il te plaît.

Chapitre 3

Je me sens à la fois honteuse et vexée d'avoir été écartée de l'opération, mais le docteur Gabriel a bien réagi : j'aurais pu avoir une crise de panique ou pire, m'évanouir, au lieu de les aider. Pas vraiment utile !

À peine ai-je quitté la pièce que je commence à me sentir moins oppressée. Ma respiration reprend un rythme plus normal. Comment vais-je devenir vétérinaire un jour si je me mets dans des états pareils à la moindre opération ? N'y pensons plus. De toute façon, je dois m'occuper des deux autres chats. Je retourne informer Sophie de la situation. Debout derrière le bureau de l'accueil, elle s'occupe des clients qui sont arrivés entre-temps. Elle s'interrompt pour me questionner rapidement.

— Alors ? Vous en êtes où ?

— La mise bas de Baronne est compliquée. Le docteur Gabriel et Mélissa sont obligés de l'opérer pour les sauver, elle et ses bébés.

Ses yeux s'agrandissent de surprise. Je me détourne rapidement pour ne pas lui montrer mon inquiétude.

— Je vais installer les autres chats au chenil.

J'attrape mon manteau, puis je vais chercher Harley et Othello dans la salle de consultation. En sortant de la maison, je me rends compte que la température a baissé. C'est le pôle Nord ! Heureusement, je n'ai que quelques mètres à faire pour atteindre le chenil. Une fois là-bas, je mets de l'ordre dans deux boxes et j'installe une litière pour chacun des chats. Puis je leur verse de l'eau dans des gamelles. Enfin, je dépose leurs paniers de transport ouverts devant l'entrée des boxes pour les inviter à entrer. Voilà, c'est fait ! Mine de rien, cette petite installation m'a demandé plusieurs minutes et, quand je retourne à la clinique, Sophie se précipite vers moi, le regard brillant.

— Devine ! me lance-t-elle, tout excitée.

— Ça y est ? Déjà ?

Sans attendre sa réponse, je file vers la salle d'opération. Je vois d'abord le docteur Gabriel, en train de s'essuyer les mains, près du lavabo. Il m'accueille avec un grand sourire rassurant.

— Tout s'est bien passé !

Mon regard s'arrête ensuite sur Mélissa, penchée sur le panier de Baronne. Elle l'a installée dans un coin de la pièce, à distance de la table d'opération. Je m'approche sur la pointe des pieds et découvre les minuscules chatons blottis contre leur maman.

— Mais il y en a quatre !

— Oui, on ne voyait pas le petit dernier à la radio, m'explique Mélissa. Il a créé la surprise.

Elle allume une lampe chauffante. Baronne doit être encore très fatiguée car elle garde les yeux fermés. Elle va se réveiller doucement de son anesthésie. Elle a un petit pansement sur le ventre. Je me sens soulagée en le voyant car je m'attendais à découvrir une énorme plaie.

Mélissa murmure :

— Comment tu les trouves ?

— Trop mignons !

Je suis tellement émue que c'est tout ce que je parviens à articuler. J'essuie furtivement une petite larme. Nous restons un moment l'une près de l'autre à regarder la petite famille. Le docteur

Gabriel se joint à nous, mais c'est seulement quand je sens son bras sur mes épaules que je laisse couler de grosses larmes.

Pour cacher mon émotion, je commence à remettre de l'ordre dans la pièce. Je ramasse les compresses sales et je les jette à la poubelle. J'essaie de ne pas trop m'attarder sur le coton taché de sang. Pendant ce temps, Mélissa rassemble les instruments chirurgicaux qu'il faudra ensuite laver et désinfecter. Lorsque je la retrouve, un peu plus tard, elle est retournée dans la salle de consultation. Elle finit de consigner les derniers événements sur l'ordinateur.

— Voilà, c'est fait ! dit-elle en levant le nez de l'écran. Il ne restera plus qu'à donner des noms à ces quatre adorables petits chatons. Et à prévenir leur maîtresse ; c'est à elle de décider.

Trois secondes plus tard, elle traverse de nouveau la pièce et se dirige vers le couloir, tout en déboutonnant sa blouse.

— Tu t'en vas déjà ? je lui demande.

— Oui, dit-elle en attrapant son manteau. Le docteur Gabriel est au courant. Je lui ai dit que je partais plus tôt. J'ai un train à prendre. Je ne peux pas le louper.

— Tu vas fêter Thanksgiving en famille ?

— Non. Cette année, je retrouve de vieilles copines de l'université.

Elle ramasse un petit sac de voyage que je n'avais pas remarqué. Elle entrouvre la porte d'entrée et aussitôt, un courant d'air froid envahit le couloir. Avant de prendre congé, elle se tourne vers moi :

— Je file ! Souhaite un joyeux Thanksgiving de ma part à tout le monde !

Je vais dans la salle d'opération pour finir de tout nettoyer. Cette fois, je pulvérise du désinfectant sur la table d'opération avant de passer l'éponge et d'essuyer à l'aide d'un papier absorbant. J'ai presque fini quand Sophie pousse la porte et déclare, en levant les yeux au ciel :

— Au secours ! Il ne faut plus jamais laisser Grand-mère partir !

— De quoi tu parles ? Tu as bien vu les chatons ! Le docteur Gabriel les a tous sauvés. C'est génial !

— Bien sûr que je les ai vus ! Ils sont parfaits.

Je ne comprends toujours pas où elle veut en venir.

— Le docteur Gabriel a été top, reprend-elle. Moi qui pensais qu'il était surtout fort pour les gros animaux comme les vaches ou les chevaux.

Non, franchement… comme chirurgien, il assure !

Elle baisse la voix et poursuit en faisant une petite grimace.

— … Mais avec les clients… disons que… c'est une autre histoire. Tu peux venir ? Je crois qu'il a besoin qu'on lui donne un coup de main.

Je suis Sophie vers la salle d'attente. Dès le couloir, on entend du bruit. La tension est palpable. En ouvrant la porte, je découvre une scène digne d'un film catastrophe. Il y a de nouveaux clients qui s'énervent :

— Occupez-vous de moi !

— Non, moi d'abord !

— J'étais là avant vous !

— Juste un vaccin !

— Mon chat a l'œil qui pleure, c'est important…

— De quoi je me mêle ?

Et pendant ce temps-là, les chats miaulent, les chiens jappent ou aboient. Si Grand-mère était là, elle remettrait chacun à sa place. Le docteur Gabriel, lui, semble dépassé par les événements. D'habitude, il ne parle qu'à un ou deux clients à la fois. Là, j'ai l'impression qu'il ne sait plus trop où donner de la tête. La maîtresse de Ginger est toujours là et insiste plus que jamais. Elle s'écrie, d'une voix perçante :

— Vous n'avez pas l'air de comprendre ! Nous partons en famille ce soir. Notre avion décolle à 17 h 30, et si Ginger n'est pas avec nous... Eh bien, ce sera votre faute !

Face à elle, le petit homme chauve tient son minuscule chihuahua qui aboie très fort. Quel désordre ! Moi qui pensais que grâce aux départs de Thanksgiving, on serait tranquilles !

Je n'ai jamais vu le docteur Gabriel en colère, mais là, il devient tout rouge et, d'un seul coup, il explose :

— Mais enfin, madame, puisque je vous dis que c'est illégal ! La loi interdit de faire voyager un chien qui vient d'être vacciné contre la rage. Vous auriez dû penser à amener votre chien la semaine dernière, au moins cinq jours avant.

— Il est là aujourd'hui, oui ou non ? Alors, quelle différence pour une simple piqûre ? Si le docteur Macore était là, elle m'aurait écoutée, elle...

— Madame, je vous répète que votre chien n'a pas le droit non plus de prendre l'avion si ses vaccins ne sont pas à jour. Et une fois qu'ils le sont, il faut quand même un délai de cinq jours. Je n'y peux rien. C'est la loi.

— Pfff ! s'entête la dame. La loi ! La loi ! Vous n'avez que ce mot à la bouche. Si je n'étais pas venue vous voir avec Ginger, vous n'auriez pas su qu'il n'était pas vacciné. Je peux très bien faire pareil et prendre mon avion avec lui. Personne ne le saura.

Le docteur Gabriel ouvre la bouche. Cette fois, c'est sûr, il va hurler… mais non. Sa voix baisse d'un ton :

— Écoutez, madame, faites ce que vous voulez, conclut-il. Mais si vous voyagez avec votre chien, je serai obligé de contacter l'aéroport et de vous signaler auprès des autorités.

La dame est sur le point de répliquer encore, quand j'interviens :

— Et si on prenait votre Ginger avec nous ? On pourrait le garder ici. Il y a de la place dans le chenil. Comme ça, le docteur Gabriel le vaccinera et vous, pendant ce temps, vous pourrez partir l'esprit tranquille. Et Ginger voyagera avec vous une autre fois.

Cette fois, le petit homme chauve prend la parole sans laisser à la maîtresse de Ginger le temps de réagir.

— Bon, tout ça, c'est bien beau, mais j'aimerais bien qu'on s'occupe de moi. J'ai juste besoin d'un petit certificat de rien du tout.

— Quel genre de certificat ? relève le docteur Gabriel, méfiant.

— Un papier pour dire que j'ai besoin d'avoir mon Isidore avec moi quand je voyage.

— Je ne comprends pas très bien, monsieur. Votre chihuahua n'est visiblement pas un chien de garde… Est-ce que vous avez un certificat médical pour attester d'un quelconque handicap ?

— Non.

— Dans ce cas, tout ce que je peux faire, c'est dire que votre chien est gentil avec vous.

L'homme insiste :

— Vous pourriez écrire que mon chien est vraiment très, très gentil ? Et que j'ai besoin de lui pour mes déplacements ?

Le docteur Gabriel fronce les sourcils. Je le soupçonne de faire semblant de ne pas comprendre. En fait, le monsieur voudrait ne pas payer le voyage pour son chihuahua. S'il obtient un certificat qui prouve qu'il lui est absolument indispensable, son chien pourra voyager avec lui gratuitement.

— Eh bien…, reprend l'homme. On pourrait peut-être s'arranger, vous comprenez… C'est un peu ridicule et aussi un peu cher de payer un billet d'avion pour un chien aussi petit… Il ne prend presque pas de place. S'il vous plaît, faites-moi juste un petit certificat médical. Après tout, vous êtes docteur. Inutile de préciser vétérinaire.

Avant de lui répondre, le docteur Gabriel prend une profonde respiration. Je sens qu'il fait un effort démesuré pour ne pas s'énerver.

— Mon cher monsieur, il existe des règles pour le transport des animaux. Croyez-moi, elles sont là pour protéger aussi bien les animaux que leurs maîtres. Je comprends que vous vouliez avoir votre chien avec vous quand vous voyagez, mais pour ma part, je respecte les règles. Elles ne sont pas faites pour… les chiens !

— Ah ! Vous voyez ! Nous sommes d'accord. Alors, vous allez me le faire, ce papier ?

Il n'a rien compris, ce monsieur ! Ou il joue les imbéciles. Le docteur Gabriel serre les poings et ferme les yeux un instant. Pour éviter une nouvelle explosion, j'interviens cette fois encore dans la conversation :

— Monsieur, si vous voulez, vous n'avez qu'à nous laisser Isidore ; on le gardera. Regardez comme il s'entend bien avec Ginger. Ils seront contents d'être ensemble et vous pourrez partir tranquille.

Le monsieur hésite. Je comprends pourquoi lorsqu'il demande :

— Et... ça me coûtera combien, cette petite pension ?

Sophie répond à ma place :

— Oh, juste la nourriture et la litière.

— Et pour mon Ginger ? demande aussitôt la dame.

Le docteur Gabriel écarquille les yeux.

— Mais non, enfin, ma petite Sophie, tu te trompes. C'est trop... Ce n'est pas possible. Comment allez-vous vous y prendre, Zoé et toi ?

— Mais si, mais si, docteur, répond Sophie. Ne vous en faites pas. Deux chiens de plus, c'est presque rien. Et puis, c'est une façon de célébrer l'esprit de partage de Thanksgiving, n'est-ce pas ?

— Peut-être, mais ce séjour ne peut être gratuit. Il faudra nourrir ces chiens, les soigner, les surveiller. Tout cela a un coût.

— Oh ! alors mettons ça sur le compte de l'aide gratuite des bénévoles.

Le docteur enfonce le clou.

— Admettons, mais s'il arrive quelque chose à l'un de ces chiens, que feras-tu ? En l'absence de ta grand-mère, je suis le vétérinaire responsable. Or ma famille m'attend pour Thanksgiving, moi aussi. Tu ne pourras pas venir me chercher au fin fond de la Floride, s'il y a un problème…

— Mais il ne va rien se passer, docteur ! Ginger et Isidore ont l'air adorables. D'ailleurs, Sophie et moi n'allons pas vraiment les prendre comme pensionnaires de la clinique. Nous allons plutôt les accueillir chez nous. Vous comprenez, docteur ? La maison est juste à côté, alors ça va aller, ne vous inquiétez pas. Tu es d'accord, Zoé ? conclut-elle en se tournant vers moi.

J'aurais bien voulu qu'elle me consulte avant, mais j'acquiesce d'un mouvement de tête.

Le docteur Gabriel fronce encore les sourcils.

— Je ne suis pas certain que ta grand-mère…

— S'il vous plaît, l'interrompt Sophie, laissez-nous les prendre ! C'est juste une petite garde de rien du tout. Depuis le temps, on a appris à s'occuper des chiens ! À deux, on y arrivera sans problème. Et on expliquera tout à Grand-mère quand elle reviendra.

Elle termine avec un sourire jusqu'aux oreilles. Le docteur Gabriel jette un coup d'œil à sa montre et finit par craquer.

— Bon, après tout… comme vous voudrez, lâche-t-il. Je vous laisse régler ça avec votre grand-mère.

Chapitre 4

— Enfin seules ! s'exclame Sophie, après avoir refermé la porte.

Il est 16 h 30. Le jour commence déjà à décliner. Le dernier client vient de partir, deux heures et demie plus tard que prévu.

C'est vrai, nous sommes seules, ou plutôt les deux seules humaines au milieu d'une foule à quatre pattes : dans le chenil se trouvent Anton, le chow-chow à qui Mélissa a brossé les dents aujourd'hui, et les deux chats Othello et Harley. Côté clinique, nous avons Ginger, le labrador, et Isidore, le chihuahua, que j'ai installés dans le bureau. Baronne et ses quatre chatons sont dans la salle de convalescence. Enfin, Sherlock, notre basset, Socrate, le chat, et mon chien Baskets nous attendent à la maison. Eux, ils font partie des meubles. N'empêche, nous avons du pain sur la planche !

— Ouh !

Je m'écroule sur le canapé de l'accueil. Sophie se laisse tomber à son tour près de moi et répète, euphorique :

— On n'est que toutes les deux, c'est génial ! Prenons le temps de savourer ce magnifique silence.

Je tends l'oreille. Ça souffle fort dehors. Sherlock pleurniche au moindre coup de vent. Il doit sentir la tempête arriver et il déteste ça, c'est évident. Au lieu de « savourer le silence », je passe en revue dans ma tête tout ce qui a été fait : nous avons saisi à l'ordinateur toutes les informations concernant les animaux et leurs maîtres. Les dossiers des patients sont à jour. Nous avons écouté toutes les recommandations du docteur Gabriel, installé Isidore et Ginger dans le bureau ; vérifié l'eau et la nourriture de tous nos pensionnaires, au chenil comme à la maison. Bon. J'espère que nous n'avons rien oublié… Si ! Il faudra rappeler Mme Zeller pour la prévenir de la naissance des chatons…

Sophie me dévisage.

— Eh ben dis donc, Zoé, tu en fais une tête. Cache ta joie ! Tu n'es pas contente ?

— Si… C'est juste qu'on a ces chatons nouveau-nés… Ça me stresse un peu.

— Pourquoi ? Ils ont l'air adorables, ces petits chats.

— Disons que les instructions du docteur Gabriel m'ont fait peur.

— Il a dit : « Vérifiez qu'ils mangent bien et gardez-les au chaud. » Je ne vois pas ce qui te fait peur.

— Oui, mais…

— Je sais ce que tu penses : ces tout jeunes chatons sont fragiles. Mais on va veiller sur eux. Et je te rappelle que le docteur Gabriel nous a préparé des petits biberons spéciaux si nécessaire. Il suffit de les réchauffer et de les leur donner. Alors, détends-toi. Pense plutôt à notre soirée et à la journée de demain : tout ce temps pour faire ce qu'on veut !

— Oui, mais…

— Arrête avec tes « oui, mais », m'interrompt Sophie. Depuis le temps qu'on demande à Grand-mère de nous laisser prendre plus de responsabilités. Elle va enfin avoir la preuve qu'on en est capables !

Elle se relève et se lance dans une petite danse de la victoire.

— Youhouhou !

Je ne dois toujours pas avoir l'air convaincue car elle s'interrompt.

— Écoute, on n'a qu'à mettre le docteur Kahn au courant qu'on est là, si ça te rassure. En cas de problème, il pourra nous donner des conseils ou même venir.

En l'absence de Grand-mère et du docteur Gabriel, le docteur Kahn est le vétérinaire de garde le plus proche de nous, géographiquement. Il nous connaît, même si nous ne le voyons pas souvent. Son cabinet est à une trentaine de minutes d'ici, en voiture. Pas vraiment tout près…

— Oui, ce serait bien, j'approuve.

— Parfait. Je te laisse l'appeler, mais pense tout de même à ce qui va se passer pendant ces quelques heures où Grand-mère ne va pas être là.

— Quoi ? Qu'est-ce qui va se passer ?

Elle éclate de rire.

— Rien, justement ! À cette heure-ci, les gens qui voulaient de l'aide sont déjà venus. Tout le monde est en chemin pour retrouver sa famille. Et surtout, les clients savent que la clinique est fermée, alors s'ils ont besoin d'un vétérinaire, ils iront sonner ailleurs. Les chatons vont bien, ils sont avec leur mère. Nos autres pensionnaires sont installés et bien nourris. Tout est sous contrôle.

Je lui réponds en forçant un peu mon enthousiasme.

— Tu dois avoir raison.

Sophie saisit la télécommande de la petite télé de la salle d'attente. Un présentateur météo apparaît à l'écran. Le son est faible, mais les cartes et les photos de paysages neigeux parlent d'elles-mêmes. Une énorme vague de froid gagne tout le pays et ça n'a rien de rassurant.

Je soupire.

— Ça n'a pas l'air de s'arranger…

Cette fois, Sophie fronce les sourcils. Durant un instant, une ombre passe sur son visage, mais très vite, elle se reprend.

— Dis donc, tu n'as pas faim ? me lance-t-elle. Il serait temps de manger, non ? On n'a pas eu une minute aujourd'hui. On n'a qu'à se préparer un déjeuner-goûter.

La perspective de cuisiner a toujours un très bon effet sur moi.

— Tu as raison. Il y a de quoi préparer une grande salade. Après, je pourrai faire un gâteau au chocolat ou des cookies.

Dehors, de gros flocons de neige commencent à tomber. Je préférerais sans hésitation un grand rayon de soleil, mais je me force malgré tout à sourire.

— Regarde, dis-je, il neige ! Spécial Thanksgiving. Chouette !

Il n'est pas tard, mais le ciel s'assombrit encore. Un grand coup de vent fouette la neige contre les vitres du salon. À la télé, on affiche désormais la liste des vols aériens annulés. Cette fois, Sophie ne s'émerveille plus.

— J'espère que Grand-mère pourra bien rentrer demain, souffle-t-elle d'une drôle de voix.

Je la sens soudain préoccupée. Grand-mère représente tout pour elle.

— Mais bien sûr ! On lui gardera des cookies… Tu ne vas pas t'inquiéter, quand même ?

Elle se ressaisit et me sourit.

— Tu as raison, Tout va bien ! N'oublions pas qu'un jour, dans pas si longtemps, on dirigera cette clinique.

J'étouffe un petit rire.

— Heu… Pas si longtemps ? Il faudrait avoir fini nos études ! Vu qu'on est au collège, c'est pas pour tout de suite… Et en attendant, je vais téléphoner au docteur Kahn.

Sophie m'attrape par le bras, sans me laisser le temps d'atteindre le comptoir d'accueil.

— Viens, allons voir les chatons d'abord, tu veux ?

Elle m'entraîne vers la salle de convalescence où nous avons laissé Baronne et ses nouveau-nés.

Dans la semi-pénombre de la lampe chauffante, nous découvrons trois des chatons en train de téter. Le quatrième dort, blotti près de sa mère. Je chuchote, le montrant du doigt :

— Il a déjà mangé, à ton avis ? Tu crois qu'on devrait lui donner un biberon en plus ?

— J'en sais rien… Laissons-le tranquille.

Baronne nous a entendues et elle entrouvre les yeux. Elle a l'air un peu plus en forme et ronronne. J'ai l'impression qu'elle nous dit : « Oui, ce sont mes bébés. Vous n'en avez jamais vu d'aussi beaux, n'est-ce pas ? » Elle allonge le cou et se met à lécher la tête d'un chaton. Nous ressortons sur la pointe des pieds et allons jeter un coup d'œil dans le bureau. Isidore et Ginger sont tous les deux tranquillement endormis chacun dans son panier.

— Tout notre petit monde se porte à merveille, dit Sophie.

Elle s'agenouille pour caresser Ginger. Presque aussitôt, le labrador ouvre l'œil et se dresse sur ses pattes. Visiblement, il n'a pas envie de rester seul.

— Est-ce que tu serais contre le fait de l'emmener à la maison ? reprend ma cousine. Déjà tout à l'heure, il avait envie de jouer avec Sherlock.

— Sauf que Sherlock n'avait pas l'air d'accord pour jouer avec lui.

— Sherlock n'a jamais envie de jouer avec personne. Tout ce qu'il aime, c'est dormir et aller faire un petit tour dehors de temps en temps pour se dégourdir les pattes avant de s'écrouler de tout son long. Allez, on le prend avec nous ?

J'hésite encore.

— Grand-mère n'autorise jamais l'accueil des animaux pensionnaires à l'intérieur de la maison… Déjà, on aurait dû le mettre au chenil…

En temps normal, les seuls qui peuvent entrer sont Sherlock, Socrate et Baskets, parce que ce sont les animaux de la famille. Maintenant, Isidore est réveillé, lui aussi, et jappe bruyamment. On entend Sherlock crier à son tour. Les aboiements d'Anton dans le chenil arrivent jusqu'à nous. Bientôt tous les animaux s'y mettent et c'est le vacarme. Je finis par céder.

— OK, OK, emmenons-les !

Heureusement, la maison communique avec la clinique. Nous franchissons la porte et nous nous retrouvons avec quatre chiens, Sherlock, Baskets, Ginger, Isidore, et Socrate le chat ; bien plus que ce que Grand-mère admettrait. Seule Baronne se repose à la clinique, avec ses chatons. Ainsi, elle n'aura pas à souffrir du bruit et elle pourra bénéficier de la lampe chauffante. Nous viendrons lui rendre visite régulièrement. Sherlock et Socrate sont dans la cuisine, comme d'habitude. Nous installons Ginger et Isidore dans le salon, sur des petits tapis. Baskets monte dans ma chambre avec moi.

Une fois que nous avons fini de déménager nos petits amis, nous retournons dans la cuisine. C'est l'une des pièces les plus agréables de la maison, avec sa baie vitrée, la table de bar et, un peu plus loin, un canapé où on s'installe souvent pour discuter. Je me sens plus sereine et Sophie aussi.

— Tiens, je dis en lui tendant mon téléphone portable. Appelle le docteur Kahn. Moi, je vais préparer la salade.

En prenant l'appareil, ma cousine me regarde, les yeux brillants.

— Quoi ? je demande, étonnée.

— Non, rien, répond-elle. C'est juste qu'on est toutes les deux pour Thanksgiving. En fait, j'ai toujours rêvé d'un moment comme ça. Où on prendrait les choses en main ! C'est génial !

Chapitre 5

Dix-neuf heures. Nous avons mangé une bonne salade de pommes de terre, avec des haricots verts, des tomates cerises, de la feta et du saumon fumé. Je n'ai pas eu le temps de préparer des cookies, alors j'ai nappé de chocolat fondu des morceaux de fruits. J'étais contente de mon repas. Pas exceptionnel, pour une veille de Thanksgiving, mais délicieux.

— Comment tu fais pour inventer toujours des recettes géniales ? m'a demandé Sophie.

Je reconnais que dans ce domaine, je me défends bien. En revanche, pour le reste, je n'ai pas le même sang-froid que ma cousine.

Après le repas, Sophie est allée sortir les chiens pendant que je finissais de ranger la cuisine. Puis nous avons rendu une dernière visite à nos pensionnaires en attendant Grand-mère. Nous savons tout ce qu'il y a à faire : vérifier la propreté des boxes, mettre de l'eau et de la nourriture dans les gamelles. Nous avons ajouté à la liste une vérification des portes et des fenêtres. Ensuite, nous avons baissé les stores et fermé les volets. Pour finir, nous sommes allés voir Baronne et ses chatons : ils dormaient tous.

Après quoi, nous avons mis de la musique (pas trop fort, bien sûr) et nous avons dansé. C'était très amusant d'improviser des pas toutes les deux dans le salon. Sophie donne plutôt dans le style hip-hop tandis que moi, je suis une adepte de la danse contemporaine... Quel drôle de cocktail ! Nous avons fait un concours : chacune devait inventer une chorégraphie sur la musique que l'autre choisissait. À la fin, nous étions pliées de rire ! Le temps est passé à toute vitesse. Tant mieux, sinon nous nous serions inquiétées. Vers 23 h 30, le téléphone a sonné. C'était Grand-mère qui voulait avoir de nos nouvelles.

— Vu les intempéries, je risque de ne pas rentrer demain soir comme prévu, a-t-elle annoncé d'une voix stressée. Ils ont annulé mon vol ! Je vais essayer de prendre un autre avion demain. Ou de louer une voiture pour rentrer. Vous tenez le coup, les filles ?

Nous l'avons rassurée :

— Ne t'en fais pas, tout va bien… On était sur le point d'aller se coucher.

Nous nous sommes bien gardées de lui dire que nous avions de nouveaux pensionnaires et des chatons âgés de quelques heures seulement. Inutile de l'inquiéter davantage. Grand-mère ne nous a même pas demandé ce que nous avions prévu pour Thanksgiving. De toute façon, nous ne pensions plus à faire la fête ; seulement à dormir. Ah ! Quel plaisir de se retrouver dans son lit après tout ça. Mine de rien, la journée avait été fatigante. Nous nous sommes endormies instantanément.

Au milieu de la nuit, cependant, la tempête me réveille. L'orage gronde, le vent secoue les arbres dehors. Ça souffle si fort que j'ai l'impression que le toit pourrait s'envoler. Heureusement que la maison est solide. Quoi qu'il en soit, j'ai beau être à l'abri dans ma chambre, je ne me sens pas très rassurée.

Je jette un coup d'œil à mon téléphone. À 1 h 17, j'ai reçu un message de maman. En ce moment, elle est en tournage en Asie. Ma mère est une actrice célèbre. Comme elle dit : le bon côté, c'est qu'elle gagne bien sa vie, le mauvais côté, c'est qu'elle est souvent absente. Et désormais, son agent la fait connaître sur un autre continent ! Quand j'étais toute petite, elle m'emmenait sur les tournages, or ce n'est plus possible, à cause du collège. « Happy Thanksgiving, ma chérie. Embrasse ta cousine et ta grand-mère pour moi. Pas eu le temps de t'envoyer une carte. T'appellerai pendant pause après-midi. Gros bisous de Singapour. Maman »

Elle va me téléphoner !!!

Vite, je regarde sur Internet l'heure qu'il est à Singapour. Apparemment, j'ai une chance de lui parler en direct. Je vais garder mon téléphone sur moi, au cas où elle appellerait. Cela me met du baume au cœur.

Une rafale de vent plus forte que les précédentes m'empêche de refermer les yeux. Je m'assois sur mon lit, tous les sens en éveil. J'entends les chiens aboyer au rez-de-chaussée. Sherlock pleure carrément ; les orages l'ont toujours terrifié. Si ça continue, ils vont finir par réveiller Sophie. Au moins, Baskets dort profondément au pied de mon lit.

Je décide de me lever. Quand je suis angoissée, je m'occupe en préparant quelque chose à manger. Je parviendrai peut-être à calmer Sherlock, Isidore et Ginger par la même occasion. Et avec un peu de chance, j'aurai maman au téléphone. J'enfile ma robe de chambre, mes pantoufles, et je descends au rez-de-chaussée, téléphone en poche. Après tout, pourquoi ne pas préparer mes cookies maintenant ? Il est deux heures et demie ! En quelque sorte, c'est déjà le matin. Avant d'aller à la cuisine, je pousse la porte du salon. Ginger et Isidore viennent aussitôt vers moi et me suivent dans la cuisine, où Sherlock grogne et gronde tour à tour. Il passe une mauvaise nuit, le pauvre ! La tempête est loin d'être terminée et il est effrayé. Il n'a pas dû fermer l'œil. Je le gratte derrière l'oreille et tente de le rassurer.

— Allons, allons, mon toutou. C'est seulement le vent et la neige…

Au bout d'un moment, il tremble un peu moins. Bien. Je vais pouvoir m'activer en cuisine. Les chiens s'installent au pied du grand canapé tandis que je passe derrière le bar pour me laver les mains.

Je commence à sortir un grand bol, une spatule, et tous les ingrédients dont je vais avoir besoin : de la farine, du beurre, du sucre, un œuf et du chocolat noir. Plus le morceau de citrouille que j'avais repéré dans le réfrigérateur : j'ai en tête une recette américaine bien spéciale. Il suffit de peler puis râper la courge, de travailler le beurre avec le sucre, puis d'ajouter l'œuf… Dès que je commence à mélanger les ingrédients, mon esprit s'apaise.

Une heure plus tard, ma première fournée de biscuits est sortie du four. La deuxième est en train de cuire. Je suis installée dans le canapé. Les chiens dorment tous à mes pieds, sauf Ginger qui s'agite autour de la table. Il renifle, mordille quelque chose, remue la queue… Oh ! là, là ! Il vient d'attraper un cookie tiède ! Ah, mais non, Ginger ! Ce n'est pas bon pour toi ! Je saisis le plat de cookies pour le mettre hors de portée, mais j'en fais encore tomber un par terre. Aussitôt, Ginger se précipite et le croque. Zut… Encore trop tard…

Sophie fait alors son apparition, suivie de Baskets, qui va tranquillement s'installer dans son panier habituel. Encore à moitié endormie, ma cousine fronce les sourcils.

— Tu cuisines à cette heure-ci ?

— Oui, tu vois. Il n'y a pas d'heure pour la pâtisserie. Désolée de t'avoir réveillée.

— Non, non, ce n'est pas toi, plutôt la délicieuse odeur. J'ai rêvé que j'étais dans une bonne boulangerie… Et apparemment, c'est un peu ça.

— Cookies chocolat-courge, tu te rappelles ? Mais je suis embêtée, parce que Ginger vient d'en croquer deux. Je n'ai pas eu le temps de l'en empêcher. Tu crois que c'est grave ?

Sophie l'examine du coin de l'œil.

— Normalement les chiens ne tolèrent pas bien le chocolat, mais il ne semble pas mal en point… On va le surveiller au cas où, mais ne t'inquiète pas. Il a l'air résistant, ce Ginger.

Elle pousse un énorme bâillement, puis aperçoit la pendule…

— Dis donc, il est trois heures et demie du matin… Ça fait tout drôle d'être debout à cette heure-ci.

Je hoche la tête, mais Sophie me lance un regard interrogateur.

— Avoue que tu ne t'es pas levée uniquement pour préparer des cookies…

— C'est vrai. J'attends un appel de maman. Elle est à Singapour en ce moment, de l'autre côté de la planète. Alors avec le décalage horaire, j'ai peut-être une chance…

Je scrute de nouveau la pendule. Soudain gagnée par l'émotion, je me détourne et me penche pour jeter un coup d'œil au four.

— À Singapour ! Aussi loin que ça ? souligne Sophie.

— Elle tourne une publicité pour une marque d'ampoules électriques, je crois. Elle m'a envoyé un message pour me dire qu'elle aurait sans doute une pause dans l'après-midi. Alors comme l'après-midi là-bas correspond au milieu de la nuit ici…

Baskets s'étire dans son panier. Il entrouvre l'œil en bâillant, puis reprend sa position et replonge dans son sommeil.

— Et c'est impossible de tourner une pub pour des ampoules aux États-Unis ?

Je sors les cookies du four. Ils ont l'air parfaits. Trop forte !

— Son agent essaie de la faire un peu plus connaître en Asie. Attention ! C'est chaud !

— Oups ! Tu as raison ! souffle Sophie en lâchant le cookie qu'elle vient de prendre.

Soudain, on entend une énorme rafale de vent. Une nouvelle bourrasque de neige vient frapper les vitres. Sherlock ouvre les yeux et se remet aussitôt à gémir.

— Eh ben, ça n'a pas l'air de se calmer !

Sophie tourne déjà les talons et me lance, par-dessus son épaule :

— Je vais aller voir les infos, sur Internet.

Quand elle revient avec son ordinateur portable, nous écarquillons les yeux en voyant les différents bulletins météo. Il suffit de regarder le nombre d'éclairs dessinés sur la carte pour comprendre que la tempête est plus puissante et dangereuse que jamais. Le pays tout entier est bloqué par le froid.

— Oh ! là, là ! Je ne sais pas si on va revoir Grand-mère ce soir, conclut Sophie. J'espère qu'elle n'essaiera pas de rentrer en voiture. Elle est du genre à vouloir rouler dans la neige et sur le verglas pour rentrer le plus vite possible. La route, ça peut être dangereux…

Il ne faut pas parler de trafic routier à Sophie ; ses parents sont morts dans un accident de voiture quand elle était toute petite. Mais je refuse de céder à l'inquiétude.

— Mais non, voyons, qu'est-ce que tu imagines ! Elle va rentrer dans quelques heures, en avion et en pleine forme…

Je me remets nerveusement à mélanger de la farine et du sucre. Ne nous laissons pas abattre.

— N'oublie pas que nous avons la grand-mère la plus dynamique du monde. Je devrais dire *dynamite* ! Ce n'est pas une petite tempête de rien du tout qui va l'arrêter, mais elle n'est pas imprudente. Maman l'a toujours comparée à un super-héros. D'ailleurs, quand je suis venue habiter avec vous, la première fois, j'étais tout intimidée.

Sophie s'efforce de sourire, mais je vois une larme briller dans ses yeux.

— Tu ne voudrais pas nous faire un peu de thé ou une infusion pendant que je prépare une dernière fournée de cookies ? je lui suggère.

Quinze minutes plus tard, nous nous asseyons l'une à côté de l'autre, nos tasses fumantes posées sur la table devant nous. Sophie croque dans un cookie avec délice.

— Alors comme ça tu étais impressionnée, quand tu es venue vivre avec nous ? reprend-elle, étonnée.

— Oui, c'était pas évident : une grand-mère et une cousine que je ne voyais presque jamais et que je ne connaissais pas bien…

— Je comprends, répond Sophie. Et devine ! Moi aussi, j'étais intimidée à l'idée de vivre avec toi. Tu sais pourquoi ? Parce que tu es douée pour les études alors que je déteste ça. Je me sentais nulle. J'avais des complexes vis-à-vis de toi.

— Tu plaisantes ! Au collège, je me contente d'écouter en cours pour finir plus vite mes devoirs, c'est tout. Alors que toi, en plus du collège, tu sais aussi faire un tas d'autres choses.

— Ah oui ? Comme quoi ?

— Eh bien, par exemple, tu es une vraie geek, tu t'y connais en informatique. Tu t'y prends dix fois mieux que moi avec les animaux. Tu gardes ton sang-froid. Tu sais conduire ton vélo en lâchant le guidon des deux mains !

— Et toi, tu peux te vanter d'avoir modifié notre alimentation pour toujours, ici. À cause de toi, on mange des légumes maintenant et en plus on adore ça.

— Alors je t'arrête : ce n'est pas à cause de moi, mais grâce à moi, si tu permets.

— Bien sûr ! C'est ce que je voulais dire ! Et ces cookies chocolat-courge en sont une preuve de plus. Délicieux ! Continue ! Non, franchement, tu es trop forte pour la cuisine !

Sophie éclate de rire. Je sens qu'elle est vraiment détendue cette fois. Je reprends mon sérieux en pensant à ces moments où je fais la cuisine.

— Si tu savais ! En fait, c'est une manière de me vider la tête. Ça m'aide parce que avec la mère que j'ai… Chaque fois que je dis qu'elle est actrice, les gens sont fascinés ! Ils pensent à Hollywood. Ils imaginent que je dois avoir une vie tellement géniale…

Je lève les yeux au ciel.

— Sauf qu'en vérité, tu ne la vois pas autant que tu voudrais…, finit Sophie.

— Exactement. En plus, quand je suis ici, je pense à elle… Et quand je suis avec elle, je me demande ce que je suis en train de louper chez Grand-mère…

Sophie m'interrompt :

— En tout cas, il y a un truc que tu ne peux pas regretter : c'est le nettoyage du chenil. Les crottes de chiens et de chats, je t'assure que j'aurais bien envie de m'en passer parfois.

Je me remets à rire.

— Ah ça ! J'avoue que ça ne me manque pas !

Sophie me voit glisser un œil vers la pendule.

— Ne t'en fais pas. Elle appellera quand elle pourra, me dit Sophie avec douceur. Tu devrais retourner te coucher.

— Sauf que je suis complètement réveillée. Et si on allait faire des câlins aux chatons ?

— Laissons-les plutôt dormir tranquillement auprès de leur mère. Nous irons les voir dans la matinée.

Je hoche la tête, avec un soupir. Elle a raison. Pour me changer les idées, je m'agenouille auprès de Ginger et lui caresse la tête.

— Alors, mon beau chien, pourquoi tu t'agites comme ça ?

— On pourrait regarder un film, qu'est-ce que tu en dis ?

— D'accord, mais seulement si c'est une comédie.

— Parfait ! Viens, on va s'installer sur mon lit. On le regardera sur mon ordinateur.

Chapitre 6

— Qu'est-ce que c'est que cette odeur ?

La voix de Sophie me réveille en sursaut. Il me faut un petit instant pour réaliser que je suis dans sa chambre. J'ai dû m'endormir en regardant le film car je n'ai aucun souvenir de la fin. Sophie bondit hors du lit et sort en faisant claquer la porte derrière elle. Moi, j'en suis seulement à me redresser péniblement.

Quelle heure est-il ? Il fait jour, mais le ciel est très blanc, comme s'il allait encore neiger. Et il y a toujours autant de vent, on dirait. J'attrape mon téléphone par terre : 7 h 30. J'hallucine ! On a dû dormir trois ou quatre heures au maximum.

J'entends Sophie parcourir l'étage en poussant des exclamations :

— Oh ! là, là ! Oh ! là, làààà ! Quelle horreur !

Un instant plus tard, elle rouvre la porte et m'explique :

— C'est Ginger. Il nous a suivies à l'étage et il a tout sali. Il doit avoir la diarrhée.

Ses paroles et la mauvaise odeur finissent de me réveiller.

— Où est-il ?

— Réfugié sous ton lit.

— Oh non !

— Si. Il doit se sentir trop honteux pour ressortir. Il y a de quoi : ça pue.

— J'y vais, dis-je.

Je me sens coupable. Ginger avait l'air d'adorer mes cookies, mais je ne m'attendais pas à ce que ça dérange ses intestins. Je comprends mieux pourquoi je le trouvais un peu bizarre avant qu'on remonte. Sophie a laissé la porte de ma chambre ouverte. Dans le couloir, je me sens prise à la gorge. Des crottes et une odeur pestilentielle ; c'est pire que tout. Et le pauvre Ginger qui se terre aussi loin que possible sous mon lit.

— Sors de là, toi !

Il ne bouge pas. Je dévale l'escalier quatre à quatre pour aller chercher des éponges, un petit seau, un rouleau de papier essuie-tout et des gants dans la cuisine. Une fois revenue là-haut, je me précipite vers la fenêtre pour aérer, mais j'ai oublié la tempête. Le vent s'engouffre tellement fort que des feuilles de papier s'envolent de mon bureau. Je la referme précipitamment. Ginger aboie, mais reste hors d'atteinte. Sophie propose :

— Je vais essayer de le sortir de là.

Elle s'accroupit près du lit et s'adresse au chien :

— N'aie pas peur. Je veux juste te faire boire un peu d'eau.

Il aboie encore, mais ne ressort pas, toujours apeuré. Sophie change de ton :

— Allez, viens par ici, laisse-toi faire, voyons. Il faut que tu sortes pour laisser Zoé nettoyer tranquillement…

Si je comprends bien, elle ne compte pas m'aider.

— Et pourquoi je devrais faire ça toute seule ? je demande.

— Parce que c'est ta chambre, me répond-elle calmement.

— Oui, mais on le garde toutes les deux, ce chien. D'ailleurs on fait tout, toutes les deux depuis hier, non ? Alors il n'y a pas de raison.

— Si, réplique Sophie : c'est toi qui as préparé les cookies. Tu aurais dû faire plus attention et les laisser hors de portée. En plus ces gâteaux au chocolat étaient chauds. Toutes les conditions étaient réunies pour que ça le rende malade.

— C'est pas ma faute s'il a avalé un gâteau à peine sorti du four ! Les choses sont allées très vite ; je n'ai pas eu le temps d'intervenir.

— Mais aussi, quelle idée de faire la cuisine au milieu de la nuit…

Cette fois, j'en suis estomaquée. C'est bien elle qui m'a encouragée, non ?

— Je n'arrivais pas à dormir !

— Bon, reprend Sophie, arrêtons de nous disputer.

Elle se penche et réussit enfin à attraper Ginger par son collier. Elle le tire fermement de sous le lit et, avant de quitter la chambre, me lance encore :

— Je vais lui faire faire un tour, avec les autres. De toute façon, avec le vent qu'il y a, ce n'est pas une partie de plaisir de sortir, tu sais… Pense à aérer !

J'aurais tout de même préféré qu'elle m'aide. L'odeur me paraît de plus en plus forte. Berk ! C'est dégoûtant. Dire que je plaisantais il y a quelques heures sur le fait de nettoyer les crottes de chien. J'enfile les gants en caoutchouc et je m'y mets. Quel désastre ! Pouah ! Comment vais-je réussir à faire disparaître cette odeur de ma chambre ?

Deux minutes plus tard, à ma grande surprise, Sophie est de retour. Elle empoigne une éponge.

— J'ai changé d'avis, me dit-elle. Je sortirai les chiens après. De toute façon, Ginger s'est déjà débarrassé de ce qui encombrait son estomac. Allez, on ira plus vite à deux.

Je lui souris avec reconnaissance. Quel soulagement ! Non seulement ça va plus vite de faire ça ensemble, mais en plus ma cousine déteste autant que moi qu'on soit fâchées. Nous nous dépêchons de finir et nous ouvrons la fenêtre pour permettre à l'air de bien circuler.

— Je ne sais pas si je vais supporter de dormir dans mon lit la nuit prochaine, dis-je.

— Si ce n'est pas le cas, je t'invite dans ma chambre comme la nuit dernière. Tu seras la bienvenue !

En redescendant, nous donnons à boire à Ginger, et nous retournons voir Baronne et ses petits à la clinique. Ils dorment, blottis contre leur mère. Cependant, j'ai un pincement au cœur en observant le plus petit chaton. Pourquoi est-il aussi chétif ? Juste à ce moment-là, Sophie me le montre du doigt :

— Qu'est-ce que tu en penses ?

Justement, je ne sais pas trop quoi en penser.

— Continuons à le surveiller régulièrement, et si on continue à le trouver un peu bizarre, on rappellera le docteur Kahn, d'accord ? On en profitera pour lui parler de Ginger. Je crois qu'il n'y a rien de spécial à faire pour lui, à part le faire boire, mais on ne sait jamais.

J'apprécie son ton posé. Décidément, elle ne s'alarme pas aussi facilement que moi. Enfin, nous décidons de sortir les chiens et d'en profiter pour aérer toute la maison. Nous les passons en revue : Sherlock, Isidore, Baskets, Anton et Ginger ; en avant, la petite troupe ! À cette heure-ci, ils ont tous envie d'aller se dégourdir les pattes. Moi, en revanche, je me sens épuisée. La nuit a été courte. Et je suis toujours sans nouvelles de maman.

Dehors, le spectacle est saisissant : tout est recouvert de glace et de neige. Le ciel est encore très sombre. En plus de nos manteaux, nous avons mis des gants, des écharpes et nos bonnets. Nous marchons prudemment sur le verglas. Au début, les chiens bondissent dans tous les sens, puis très vite ils redeviennent plus sages en voyant à quel point le sol glisse. Après quelques minutes, nous les ramenons à l'abri. Ils ont l'air aussi contents que nous de rentrer se mettre au chaud.

Huit heures et demie. Je crois que nous avons mérité un bon petit déjeuner. Je monte refermer les fenêtres à l'étage pendant que Sophie fait chauffer du lait. Une irrésistible odeur de chocolat flotte dans l'air quand je pénètre dans la cuisine.

— Tu sais, me dit Sophie en me tendant ma tasse, les cookies n'expliquent pas tout pour Ginger. Son corps a sans doute mal réagi au vaccin.

Je hoche la tête, à moitié rassurée.

— Quand je pense que sa maîtresse voulait à tout prix l'emmener avec elle, poursuit ma cousine. Heureusement que le docteur Gabriel n'a pas cédé. Il aurait pu tomber malade dans l'avion, le pauvre chien ! Et les pauvres passagers ! Tu imagines le voyage, s'il avait eu la diarrhée dans les airs ? Impossible d'ouvrir les hublots pour aérer un peu…

Je finis par rire avec elle, à l'idée de cette situation à la fois pénible et cocasse. Comme ça fait du bien de se détendre un peu !

La sonnerie du téléphone nous interrompt. Sophie pose sa tasse et se rue vers le bureau pour décrocher.

— Allô ? Ah, c'est toi Grand-mère ? Heu… Oui… tout va bien. Ah bon ? Toujours pas de vol prévu ? Tu risques d'être coincée là-bas ? Tu ne vas pas louer de voiture, hein ? Ah… Je préfère…

Je calcule mentalement l'heure qu'il peut être sur la côte Ouest. Il est presque 9 heures ici, ce qui veut dire qu'il est environ 6 heures du matin en Californie. Grand-mère doit être vraiment stressée pour ne plus dormir à cette heure-ci.

Sophie attrape un stylo et écrit quelque chose sur le bloc-notes, devant elle. Elle le pousse vers moi : *Je parle de nos pensionnaires ?*

Je secoue la tête. Non ! Non !

Elle écrit encore : *Ginger ?*

Je secoue la tête encore plus fort. Ah, non ! Surtout pas !

Grand-mère ne doit pas savoir. Nous allons nous débrouiller pour qu'à son retour, tout soit rentré dans l'ordre. Surtout après lui avoir juré que tout irait bien. Inutile d'entrer dans les détails ; ça ne ferait que l'inquiéter. Sophie lève le pouce et poursuit la conversation :

— À ce soir ou cette nuit, alors. On verra bien à quelle heure tu arrives.

Au moins, la situation aura eu le temps de s'améliorer. Ouf ! Je pousse un soupir de soulagement et Sophie aussi, avant de se reprendre :

— Heu… Non… Je ne suis pas contente que tu sois absente pour Thanksgiving, Grand-mère, ce n'est pas ce que je voulais dire… Heu… Tu veux que je te passe Zoé ?

Elle me tend l'appareil sans attendre sa réponse.

— Tu sais, me dit Grand-mère, je n'ai pas quitté l'aéroport.

— Oh, dis-je, tu dois être crevée !

Elle rit.

— Je reconnais qu'il y a plus confortable… Pas grave ! J'en ai profité pour faire connaissance avec quelques personnes ici. Il y a pas mal de gens qui voyagent avec leurs animaux. Imagine-toi que j'ai diagnostiqué une entorse chez un chat qui boitait et un ergot infecté sous la patte d'un chien.

— Ah ! Grand-mère, tu ne peux jamais t'arrêter de travailler, pas vrai ?

— Je ne vais tout de même pas laisser des animaux malades sans les soigner !

— Et les maîtres doivent être sacrément contents d'être tombés sur toi !

— Allez, mes chéries, je vous rappellerai dès qu'ils auront annoncé la reprise du trafic. Je vous embrasse. Soyez sages, hein ?

Elle raccroche. Je reste un instant pensive. Grand-mère nous parle encore parfois comme si nous étions petites. Sophie suggère :

— J'étais d'accord pour ne pas lui parler de Ginger, mais maintenant, je crois qu'on peut appeler le docteur Kahn pour lui demander conseil.

Bien sûr ! Je n'osais pas le proposer. Au bout de deux sonneries, le docteur décroche.

— Allô, oui, bonjour…

Entendre sa voix chaleureuse par le haut-parleur du téléphone me fait du bien. Nous lui expliquons en quelques mots la situation.

— Eh bien, cette diarrhée peut être due à tout ce que vous me dites, résume le docteur Kahn. Une mauvaise réaction au vaccin peut se produire, même si c'est rare. Mais le labrador a pu aussi faire une indigestion aux cookies ou attraper un virus. Il peut même avoir simplement mal réagi au fait que sa maîtresse est partie et qu'on a changé ses habitudes.

— À votre avis, docteur, qu'est-ce qu'on doit faire maintenant ? On lui a donné de l'eau. On l'a emmené faire un tour dehors avec les autres chiens et au retour, on l'a installé dans un box isolé du chenil.

— Vous avez parfaitement réagi ! C'est exactement ce que je vous aurais conseillé de faire. Continuez à lui donner à boire et à surveiller son état. Vous pourrez lui proposer du riz ce soir, pour le dîner.

Après une courte pause, le docteur ajoute :

— Et les chatons ? Comment vont-ils ?

— Pour l'instant bien, mais il y en a un qui nous inquiète un peu. Il est plus faible que les autres. Le docteur Gabriel nous a dit que ça arrivait. On a des biberons avec du lait vitaminé spécial, au cas où il ne mangerait pas assez. Et on maintient toute la portée sous la lampe chauffante.

— Parfait, dit le docteur Kahn. Maintenez la température autour de vingt-cinq degrés. N'hésitez pas à proposer au plus petit chaton du lait complémentaire. Il faut qu'il prenne des forces et du poids. Et si vous remarquez qu'il ne réagit pas comme les autres ou qu'il a du mal à respirer, aidez-le en lui frottant le corps avec un linge propre. Ça ira comme ça ? Vous voulez que je vienne vous voir ?

Sophie et moi regardons alors en même temps vers l'extérieur. Le vent souffle encore très fort et secoue les branches des arbres. Le docteur Kahn habite loin d'ici. Il ne serait pas raisonnable de lui demander de venir. En principe, Grand-mère rentrera dans la nuit…

— Non, merci, docteur Kahn, ça ira, dit Sophie.

— Tout est sous contrôle, j'ajoute à mon tour. On a plein de voisins. En cas de problème, on ira les voir. Et Grand-mère devrait rentrer dans quelques heures.

— Bon, conclut le docteur. Je reste joignable, alors n'hésitez pas à m'appeler.

— Merci, docteur. Joyeux Thanksgiving !

— Joyeux Thanksgiving !

Après avoir raccroché, je me sens à nouveau coupable.

— C'est ma faute pour Ginger, dis-je en me mordant les lèvres. Je n'aurais jamais dû le laisser manger des cookies… Quelle horreur !

— Mais non, tu n'y es pour rien, réplique Sophie. Tu as entendu le docteur : il y a plein de raisons possibles. En tout cas, on a fait ce qu'il fallait. Maintenant, il faut attendre que ça passe.

N'empêche qu'elle n'a pas l'air très convaincue.

Chapitre 7

Il est bientôt 14 heures. Nous avons déjeuné un peu tristement, pour un repas de Thanksgiving. Je n'avais pas très faim et Sophie non plus. Je me suis contentée de faire cuire des pâtes, que j'ai assaisonnées avec un peu de beurre et de fromage râpé. Je n'ai même pas eu le courage de préparer une entrée. Ça a surpris ma cousine.

Tout en essuyant et rangeant la vaisselle, nous regardons dehors avec désespoir. La tempête fait toujours rage. On dirait même que les choses ont empiré depuis ce matin.

— Et si on proposait à David de nous rejoindre ? On pourrait jouer aux cartes ou au Monopoly...

David n'habite pas loin d'ici, à cinq minutes à vélo et à peine dix à pied. Si bien qu'il fait partie des bénévoles qui viennent le plus souvent. Je lui envoie un message avant même que Sophie ait fini de parler.

« Salut David. Tu nous rejoins à la clinique ? » Sa réponse arrive très vite : « Suis pas à la maison ! » Je continue : « T'es où ? » « Chez mamie. » « Elle ne devait pas venir chez toi ? » « Si. Mais accident. »

— Quoi ???

J'ai parlé tout haut et Sophie me regarde. Sans réfléchir, je l'informe :

— La grand-mère de David a eu un accident.

— Quoi ??? fait-elle à son tour, en ouvrant de grands yeux.

Je commence à taper le message suivant quand le téléphone se met à sonner. Le nom de David s'affiche à l'écran.

— Allô ? Quoi, un accident ? Qu'est-ce qui se passe ? je demande, sans même penser à dire bonjour.

— T'affole pas, me répond-il. En fait, ma grand-mère devait venir nous voir pour Thanksgiving, mais elle a glissé dans sa baignoire et elle est tombée. Heureusement, elle ne s'est rien cassé, seulement elle s'est tordu la cheville. Elle boite, alors maman a décidé d'inverser et de tous nous emmener chez elle. On est partis hier après-midi.

— Du coup, tu es où ? Tu reviens bientôt ?

— On est à Harrisburg, à près de deux heures de la maison. On est partis avant la tempête. Elle nous est tombée dessus quand on était presque arrivés. C'était pas facile pour maman de conduire ; le sol était glissant. À ce propos, il paraît que Clara et ses parents ont eu un petit accident de voiture. Vous êtes au courant ?

J'écarquille les yeux. Encore une histoire d'accident ! Décidément…

— Non, pas du tout. C'est terrible !

Sophie me regarde aussitôt, inquiète.

— Clara m'a envoyé des messages, m'explique David. Heureusement, c'était un léger accrochage, personne n'a été blessé. Elle était en route vers le New Jersey, avec sa famille. Leur voiture a glissé sur le verglas et elle a fini par aller cogner un arbre. Ils ont eu des bosses, c'est tout, mais ils ont eu très peur.

— Ah, je préfère ça ! dis-je.

Je fais un petit signe à Sophie pour la rassurer. David continue à me parler :

— Quand maman l'a su, elle a tout de suite demandé à mamie si on pourrait rester chez elle dormir, au cas où la tempête durerait encore longtemps. Elle ne voulait plus prendre de risques. Ça m'étonnerait qu'on revienne tout de suite, désolé... Ça dépendra de la météo. Et vous, à la clinique, comment ça va ? Vous vous en sortez sans Doc'Mac ?

— Nous ?

— Ben oui, Sophie et toi. À qui tu crois que je parle ?

J'hésite à lui donner des détails. Finalement, je choisis de ne pas tout lui raconter.

— Nous, ça va. Grand-mère n'est pas là, comme tu sais, mais on gère. Allez, à bientôt. Salut !

Je suis un peu honteuse d'avoir été aussi peu bavarde, mais j'avais peur de lui donner l'impression que je paniquais.

— Je vais retourner voir Baronne et ses chatons, dis-je en raccrochant.

— Mais oui, bien sûr ! s'exclame Sophie. Avec tout ce qui s'est passé, j'avais presque oublié qu'on avait eu cette bonne nouvelle : des naissances à la clinique.

Nous pénétrons dans la salle de convalescence sur la pointe des pieds. Baronne est couchée dans son panier, les yeux mi-clos. Blottis contre leur mère, les chatons tètent activement, comme si leur vie en dépendait. Je trouve toujours ce spectacle très émouvant.

— Et si on leur donnait des noms ? chuchote Sophie, à mes côtés.

— Bonne idée ! J'en cherche deux et toi deux autres ? Sauf qu'on ne sait pas combien de mâles et de femelles il y a.

— Pas grave, ce ne seront que des noms provisoires qu'on notera sur le registre. On verra après avec leur maîtresse si elle veut les garder.

— D'accord, alors qu'est-ce que tu penses de Prince ou… Archiduc pour celui de gauche ? Il ressemble tellement à sa maman que je ne vois pas quel autre nom lui donner.

— OK. On pourrait appeler Tattoo celui qui a trois taches sur la patte.

— Et le minuscule, on n'a qu'à l'appeler Hulk, j'ajoute en faisant un clin d'œil.

Sophie se met à rire.

— Oui, tu as raison. Un nom de super-héros pourra peut-être l'aider à se muscler !

Mais nous cessons vite de rire. Hulk a l'air faible, il ne se comporte pas comme les autres. Il tète avec moins de force et s'assoupit. Sophie et moi échangeons des regards inquiets.

— Tu crois qu'il n'a pas faim parce qu'il est plus petit que les autres ? murmure-t-elle.

— Je ne sais pas. Peut-être qu'il manque vraiment de force.

— Je ne trouve pas ça très normal, dit ma cousine en rapprochant un peu la lampe chauffante.

— Moi non plus. Surveille-le pendant que je vais chercher les livres de Grand-mère sur les chats.

Je file dans le bureau et reviens avec deux grosses encyclopédies. Bonne pioche : je tombe assez rapidement sur les pages consacrées aux chatons et commence à les parcourir des yeux.

— Alors ? s'impatiente Sophie.

— Eh bien, ils disent que la première semaine de vie d'un chaton est un moment très délicat. Il y a des tableaux avec des… des taux de mortalité…

— Quoi ? s'exclame Sophie. Pourquoi ? Laisse-moi regarder !

— Je… Heu… Laisse-moi lire, c'est un peu compliqué. Il y a des chatons qui meurent dans les cinq premiers jours de leur vie parce qu'ils n'ont pas assez de globules rouges.

— Et comment on va deviner s'il lui manque des globules rouges ? Il faudrait lui faire des analyses…

— Bien sûr ! Mais ils parlent d'autres risques. Il y a l'hypoglycémie, l'hypothermie et la déshydratation.

— Pas assez de sucre, pas assez de chaleur ou pas assez à boire…, commente Sophie.

Je la vois froncer les sourcils au fur et à mesure que je lis. Son regard passe de Hulk à moi. Que faut-il faire ?

— Je pense que c'est le moment de lui donner l'un des biberons que le docteur Gabriel a laissés pour lui, déclare-t-elle.

Sans attendre, elle va ouvrir le réfrigérateur médical et sort l'un des mini-biberons. Comme le docteur Gabriel l'a recommandé, elle le passe trente secondes au four à micro-ondes. Pour être tout à fait sûre que le liquide n'est pas trop chaud, elle fait tomber trois gouttes sur le dos de sa main.

— Test de température, dit-elle.

Pendant ce temps, je caresse la tête puis le corps du petit Hulk. Il entrouvre les yeux, pour les refermer presque aussitôt. Sophie approche la tétine de sa bouche. Il ne réagit pas. Elle fait une deuxième tentative, mais le chaton l'ignore.

— Je crois qu'on devrait rappeler le docteur Kahn pour l'informer de la situation.

Sophie secoue la tête.

— Je ne suis pas d'accord : il nous a déjà dit tout ce qu'on pouvait faire. Si on l'appelle, c'est pour lui demander de venir. Et tu as vu le temps qu'il fait ? Ce serait dangereux.

— Je suis d'accord, mais s'il arrive quelque chose à Hulk, ce sera notre faute.

— Pourquoi notre faute ? On n'y est pour rien s'il a du mal à téter.

— Peut-être, mais on devrait tout faire pour le sauver.

La voix de Sophie monte soudain dans les aigus.

— Évidemment qu'on doit le sauver ! On pourrait déjà commencer par les recommandations du livre. De toute façon, avec la tempête, le docteur Kahn ne pourra pas venir nous aider.

Je déteste quand nous ne sommes pas d'accord et je sais que ma cousine n'aime pas ça non plus. Je finis par lâcher :

— Eh bien, dans ce cas, débrouille-toi toute seule ! Mais s'il arrive quelque chose, ce sera ta faute !

Je tourne les talons et je pars en courant vers l'escalier.

— Mais ça va pas ? Où est-ce que tu vas ? me lance Sophie.

Je ne prends pas le temps de lui répondre. Je grimpe les marches quatre à quatre. Un instant après, je me retrouve dans ma chambre, le cœur battant. Je claque la porte et je me laisse tomber sur le lit. Il me faut quelques instants pour parvenir à me calmer. Je me sens essoufflée, mes mains tremblent. Je ne sais pas pourquoi je me mets dans des états pareils. Ce n'est pas la première fois que je réagis comme ça quand quelque chose m'inquiète.

Je me suis endormie. Il est 16 heures passées. Le ciel est déjà en train de s'assombrir. Je me redresse et m'assois sur mon lit. Je m'efforce de respirer profondément afin de retrouver mon calme. Je tends la main vers des magazines people que j'ai toujours sur ma table de chevet. Autant me distraire en essayant de me changer les idées. Après tout, Sophie fait la même chose quand elle est énervée : elle sort promener un chien ou va faire un tour à vélo… En fait, je voudrais être en Californie avec Grand-mère. Ou bien avec maman, à Singapour. Je la verrais tous les matins et je la retrouverais le soir, après ses journées de travail… Mais c'est impossible.

Je respire plus calmement maintenant. Ma colère a disparu et en repensant à ce qui s'est passé, j'ai honte de moi. La dernière chose dont Sophie avait besoin, c'est que je la laisse toute seule gérer le problème. Mais qu'est-ce qui m'a pris ? Trois secondes plus tard, je dévale l'escalier pour la rejoindre.

Du couloir, j'entends la télé allumée. Avant de rejoindre Sophie, je me glisse dans la cuisine. Voyons, qu'est-ce que je pourrais lui apporter de sympa ? Je coupe rapidement quelques tranches de pain que je fais griller. J'ajoute un peu de beurre et de miel : voilà des toasts délicieux. Je dispose l'ensemble de mon petit goûter sur un plateau, avec des fruits et deux verres de lait. J'espère que cela m'aidera à me faire pardonner.

Quand je pousse la porte du salon, Sophie est en train de regarder le bulletin météo. Elle plonge la main dans un sachet de chips, tout en gardant les yeux rivés sur l'écran. Elle détourne légèrement la tête et esquisse un sourire à la vue de ce que j'apporte. C'est l'une des qualités que j'apprécie chez ma cousine : elle n'est jamais rancunière. Ça m'épate, chaque fois. Je pose mon plateau sur la table basse et m'installe sur le canapé avec elle.

— Côté météo, ça ne s'arrange pas, conclut Sophie en éteignant la télé. En revanche, Hulk va mieux.

Je me sens à la fois reconnaissante de ce qu'elle me dit et pas fière de l'avoir laissée tomber. Elle attrape un toast qu'elle se met à croquer d'un air pensif. Je ne sais par quel bout commencer pour m'excuser.

— Je… Je n'aime pas quand on se fâche au lieu de se parler. Parfois, tu fais celle qui sait tout parce que tu habites ici en permanence.

Ça me donne l'impression que de toute façon, je ne saurai jamais faire les choses correctement.

Sophie écarquille les yeux.

— Oh ! non, ne pense pas ça ! Il y a eu plein de changements super, depuis que tu es là. Ces toasts, tiens ! Ils sont délicieux. C'est agréable de ne pas manger que des pizzas ou des plats surgelés. Grâce à toi, désormais, on connaît le mot « légume » dans cette maison… En fait, conclut-elle, je suis presque un peu jalouse, parce que moi, je ne sais pas bien cuisiner et Grand-mère dit tout le temps du bien de toi. En plus de ça, tu es douée pour t'adapter à tout et à tout le monde, comme au collège…

Ses compliments me font du bien. Je vais lui répondre, mais elle poursuit, dans un souffle :

— Et puis… Je comprends que ta mère te manque… Moi, parfois, j'aimerais bien savoir ce que ça fait d'en avoir une…

Sans ajouter un mot, je me rapproche d'elle. Je voudrais tellement lui faire ressentir mon affection. Au moment où je vais lui entourer les épaules, les lumières s'éteignent. Sophie sursaute.

— Qu'est-ce qui se passe ?

— Aucune idée !

Chapitre 8

Nous nous retrouvons brusquement plongées dans une semi-obscurité. À cette heure avancée de l'après-midi, il fait déjà presque nuit. Sophie m'attrape la main et la serre nerveusement. Aussitôt, mon cœur se met à battre plus fort.

— On n'y voit plus rien du tout, dit-elle dans un murmure.

Je lui réponds sur le même ton :

— Ça doit être le disjoncteur…

Je m'arrête sans savoir quoi ajouter. Ni quoi faire. Le disjoncteur, le système électrique… Je n'ai aucune idée de l'endroit où ils se trouvent et encore moins de la façon dont on peut rétablir le courant. Sophie n'a pas l'air plus avancée que moi. Nous restons figées quelques instants, saisies par un étrange sentiment de danger. J'ai beau ouvrir grand les yeux vers la fenêtre, je ne distingue pas grand-chose.

Tout à coup, je m'affole.

— On ne peut pas rester là ! Si l'électricité ne fonctionne plus, ça veut dire que… à la clinique…

— … la lampe chauffante ne marche plus non plus…

— Les chatons !

C'est comme un coup au cœur. Une idée me traverse l'esprit : mon téléphone portable a une application lampe-torche ! Je fouille en tâtonnant devant moi. Je bouscule l'un des verres qui se renverse sur la table, puis je trouve enfin mon mobile. Je l'allume. L'heure s'affiche (16 h 40) ainsi qu'un rectangle de lumière qui nous rassure instantanément. Je balaie rapidement les alentours avec mon écran.

— Allons vite voir Baronne !

Nous nous précipitons vers la salle de convalescence. Ouf ! Les chatons sont en train de téter. Hulk aussi. Mais la lampe chauffante est éteinte.

— On va leur mettre une petite couverture, déclare Sophie. Éclaire-moi, s'il te plaît.

Je dirige la torche vers la petite commode où Doc'Mac range le linge utile aux animaux. Sophie sort une petite couverture polaire de l'un des tiroirs. Elle la déplie et en couvre aussitôt le dos des chatons. C'est alors qu'un drôle de bruit se fait entendre, comme un grondement qui enfle peu à peu. Trois secondes plus tard, un peu de lumière revient dans la pièce.

— Qu'est-ce qui se passe ? dis-je en clignant des yeux.

— C'est le groupe électrogène, m'explique Sophie avec soulagement. J'ai complètement oublié qu'il y en avait un pour la clinique. Il se met en marche en cas de panne. Tu comprends, c'est comme dans les hôpitaux : il fonctionne comme une batterie qui prend le relais pour que les appareils électriques continuent à marcher.

— La lampe chauffante va donc se rallumer ?

Sophie n'a pas besoin de me répondre : je vois l'ampoule rougeoyer. Sauvés ! Nous retirons la couverture polaire du panier de Baronne.

— Tout va bien, commente Sophie. Cela dit, le groupe fonctionne pour la clinique, pas pour la maison. Alors, on devrait camper ici en attendant que l'électricité générale soit rétablie. Qu'est-ce que tu en dis ?

— D'accord ! Je vais chercher une couette. On sera très bien à deux sur le canapé de la salle d'attente.

Je repasse côté maison et monte à l'étage. Je rassemble des affaires : couette, ordinateur portable, DVD. Je fais un crochet par la cuisine pour prendre des verres et une bouteille d'eau. Baskets me suit d'une pièce à l'autre. Socrate observe mon manège à distance. Sherlock accompagne le mouvement. Enfin, nous nous installons sur le canapé de la salle d'attente.

— C'est bon, me signale Sophie. J'ai jeté un coup d'œil au chenil : tout va bien.

La soirée débute. Nous allons enfin pouvoir nous détendre. Le film commence. Nous l'avons déjà vu plusieurs fois, mais nous adorons toujours cette histoire avec une fille indienne qui veut à tout prix faire du football. Bientôt, Sophie incline la tête et s'endort au creux de mon épaule. À son tour de faire la sieste... On est très bien comme ça, l'une contre l'autre et au chaud. Je baisse le volume sonore. C'est alors que j'entends un bruit bizarre. Qu'est-ce que c'est que ce truc ? Je tends l'oreille. On dirait... Non, je dois rêver. Je pousse Sophie du coude

— Tu as entendu ?

— Non. Quoi ? fait-elle, à moitié endormie.

— Une chèvre ! On dirait qu'il y a une chèvre !

Elle lève les yeux au ciel, furieuse d'avoir été réveillée.

— C’est ton ventre qui gargouille.

— Mais non, écoute bien !

Elle finit par se redresser et écoute à son tour.

Bêêêêê…

On dirait même qu’il y a plusieurs chèvres.

— Voyons, c’est impossible !

Je montre la porte d’entrée.

— Ça vient de là.

Nous nous décidons à aller voir. Un tourbillon de vent glacial s’engouffre dans la clinique lorsque nous ouvrons la porte. Non ! Ce n’est pas vrai ! Une chèvre et un chevreau ont été abandonnés devant la clinique. Quelqu’un les a attachés par une corde à la rampe d’accès. Les pauvres animaux gémissent et tremblent de froid. Quelle cruauté !

— Qui a bien pu faire une chose pareille ? s’écrie Sophie.

Je secoue la tête, aussi indignée qu’elle.

— En tout cas, on ne peut pas les laisser dehors, ils vont mourir de froid.

Sophie acquiesce. Sans plus réfléchir, je détache la corde et commence à tirer les chèvres vers l’intérieur de la clinique. Elles sont apeurées, frigorifiées et ne se laissent pas emmener facilement. Nous devons nous y mettre à deux pour les amener jusqu’à l’accueil. Je les attache comme je peux.

Une fois au chaud, les choses se compliquent. La salle d'attente n'est pas faite pour accueillir des animaux aussi gros. Moustaches tendues, Socrate se réfugie en quelques bonds sous le bureau. Quant à Sherlock, il n'est visiblement pas rassuré non plus. Moins rapide que Socrate, il s'éloigne tout de même prudemment. Ses aboiements se mêlent à ceux de Baskets et aux miaulements de Socrate. Les chèvres, très inquiètes aussi, bêlent à fendre l'âme tout en sautillant à droite à gauche. Le bruit de leurs sabots sur le sol s'ajoute au vacarme. Quel désordre !

Le chevreau est tellement affolé que tout à coup, il fait ses besoins par terre. Une mauvaise odeur se répand dans la pièce. Je croise le regard de Sophie. Elle est aussi fatiguée que moi, mais elle ne se laisse pas décourager.

— Allons, allons, dit-elle.

Quels mots faut-il employer pour se faire comprendre d'une chèvre et de son petit ?

— Je vais chercher de quoi nettoyer, déclare-t-elle en se dirigeant vers la cuisine.

Sa réaction me fait m'activer à mon tour.

— Et moi, des couvertures !

Je sais qu'il y en a des grandes dans le placard de la salle de convalescence. J'en prends trois et retourne à l'accueil. Sophie a presque terminé de nettoyer.

— Allons, allons, du calme…

Je réussis à envelopper chaque animal d'une couverture. Voilà qui est fait. Les biquettes vont pouvoir se réchauffer doucement ; elles commencent à s'apaiser. Finalement, elles arrêtent de bêler. Un peu moins de bruit nous fait du bien, même si notre problème n'est pas réglé. On ne peut quand même pas rester avec deux chèvres en plein milieu de l'entrée.

— On rappelle le docteur Kahn, non ? Qu'est-ce que tu en dis ?

Sophie passe derrière le bureau et décroche le téléphone. Cependant, au bout de quelques instants, son visage s'assombrit.

— Occupé, lâche-t-elle avec un soupir.

— Alors, appelons Grand-mère. Si on attend son retour pour lui dire ce qui se passe, elle sera furieuse et va vraiment se fâcher.

— Pas question, réplique Sophie. Si on l'appelle, elle va se mettre en colère au téléphone. Je n'ai pas envie de me faire disputer maintenant. Je préfère qu'on essaye d'arranger les choses d'abord.

Pourquoi ne voit-elle pas qu'il faut agir vite ? Juste à ce moment-là, les chèvres se remettent à bêler. Je fais un effort pour ne pas montrer mon irritation.

— Dans ce cas, qu'est-ce que tu proposes ? Qu'on les mette au chenil ?

— Non, les boxes ne sont pas faits pour ça. On n'a qu'à… On n'a qu'à appeler Isabelle. Ses parents ont peut-être de la place pour prendre les chèvres dans leur centre animalier.

— Tu as raison, bien sûr !

Isabelle est l'une de nos copines bénévoles de la clinique. Ses parents gèrent un centre de réadaptation à la vie sauvage pour les animaux blessés. Pas grand-chose à voir avec des chèvres, mais on ne sait jamais. Je suis déjà en train de faire défiler les numéros sur mon téléphone.

— Allô ?

— Allô, Zoé ? Tu as une drôle de voix… Qu'est-ce qui se passe ?

— Écoute, on a plein de soucis à la clinique… et Doc'Mac n'est pas là. Elle est bloquée en Californie à cause de la tempête. Tu pourrais me pass… ?

— Pas étonnant, me coupe Isabelle. L'état d'urgence a été décrété officiellement. Ce matin, à la radio, ils disaient que plus personne n'avait le droit de circuler : ni en avion, ni en train, ni en voiture. Sauf les ambulances.

Jusqu'à quand l'interdiction va-t-elle durer ? Mes épaules s'affaissent. Le découragement me gagne.

Qu'allons-nous faire si les parents d'Isabelle ne peuvent pas venir chercher les chèvres ?

— Allô ? Tu es toujours là ? fait la voix d'Isabelle, au bout du fil.

— Oui, oui. Est-ce que tu pourrais me passer ta mère ? Il faut à tout prix que je lui parle.

— Bien sûr !

La mère d'Isabelle m'écoute décrire la situation. Elle nous donne ensuite des instructions pratiques.

— Vous avez bien fait de rentrer ces chèvres au chaud, dit-elle. Les couvertures aussi, c'est très bien. Maintenant, il faut leur donner à boire pour qu'elles ne se déshydratent pas. Surtout la maman, si son chevreau la tète. Il faudrait à tout prix trouver du foin.

— On en a dans l'enclos, derrière la clinique, signale Sophie.

— Très bien, alors il faut aller en chercher. Malheureusement, vos chèvres risquent de faire leurs besoins là où elles se trouvent. Attendez-vous à devoir nettoyer.

Je me mets à rire.

— C'est déjà fait.

— Aïe ! rit la mère d'Isabelle. Ce n'est pas très agréable, mais c'est la nature, que voulez-vous ? C'est tout pour l'instant. Rappelez-moi un peu plus tard dans la soirée pour me tenir au courant de l'évolution des choses, d'accord, les filles ? Peut-être que l'interdiction de circuler sera levée.

Nous nous sentons un peu rassurées en raccrochant. Tandis que Sophie remplit un seau d'eau, j'enfile ma veste pour aller chercher du foin derrière la maison. Au retour, j'en dépose un tas devant la chèvre.

— Et voilà, madame !

Elle plonge la tête dans le seau et mâche avec satisfaction. Le chevreau se serre contre le flanc de sa mère. Sophie et moi nous écroulons sur le canapé. Pendant quelques instants, nous reprenons notre souffle. Dehors, le ciel est noir ; le vent et la pluie continuent à frapper violemment les vitres. Sophie se tourne vers moi d'un air décidé.

— Je crois que cette fois, je suis prête à appeler Grand-mère et à tout lui raconter.

Elle compose le numéro depuis le téléphone de l'accueil et appuie sur le bouton du haut-parleur. Mais seuls des bruits électroniques nous parviennent ; l'appel n'aboutit pas. J'essaie d'appeler à mon tour, avec mon portable. Rien non plus. La gravité de la situation nous apparaît soudain. Un immense sentiment de tristesse s'abat sur moi. Plutôt que ce silence, j'aurais préféré me faire gronder. Je sens la même lassitude dans le regard de Sophie.

— Au fond, ce n'est pas aussi rigolo que ça d'être seules pour s'occuper de tout, lâche-t-elle.

Je n'ajoute rien. J'ai comme un nœud dans la gorge. Si j'essaie de parler, je sens que je vais pleurer.

Chapitre 9

Je me redresse et décide de réagir. Allez ! Inutile de se laisser abattre. Je propose à Sophie :

— Écoute, je vais faire une liste de tout ce qu'il nous reste à faire, d'accord ?

En guise de réponse, elle va chercher un stylo et un bloc-notes, puis elle ajoute :

— D'accord.

Aussitôt, je commence à écrire.

— Alors, on doit : nourrir les animaux, sortir les chiens et les faire jouer, annoncer à Mme Zeller que Baronne a eu des bébés, continuer à surveiller les chatons…

— Il faut qu'on fasse attention. Si on s'en occupe trop, on va les stresser, et si on ne s'en occupe pas assez…

— … On risque de rater quelque chose.

— Quand Grand-mère sera revenue, il faudra aussi qu'on arrive à la convaincre d'installer des caméras de surveillance. Si on les filme, les gens n'oseront plus abandonner des animaux sur le pas de la porte.

Sophie éclate de rire.

— Bon courage pour la convaincre ! Grand-mère n'est pas assez moderne pour accepter ça ! Souviens-toi du temps qu'il lui a fallu avant d'acheter un ordinateur ! Alors une caméra de surveillance… Nous en installerons une le jour où elle prendra sa retraite. Quand nous dirigerons la clinique, nous pourrons faire les choses comme nous voudrons.

Ça alors ! Ma cousine a dit : « nous ». Je fais donc partie du plan. Je me demande comment elle fait pour se projeter ainsi dans l'avenir. Moi, j'arrive tout juste à penser à la journée qui commence ou au repas que je pourrais préparer. Sophie voit plus loin. Décidément, elle m'épate.

— Revenons à notre liste, reprend-elle. On doit aussi emmener les chèvres se dégourdir les pattes et faire leurs besoins dehors… Et prévenir la police qu'on a des chèvres, non ?

— On pourrait aussi prévoir une jolie table pour dîner. Ce n'est pas parce que Grand-mère arrive tard ce soir, voire demain, qu'on ne doit pas célébrer Thanksgiving.

— Ça marche, acquiesce Sophie. Ambiance spécial fête ce soir !

Les chiens sont tout excités de nous voir arriver. Ils ont besoin de se dépenser. Le vent est enfin tombé, mais l'air est glacial et le sol très glissant à cause du verglas. Nous prenons soin de ne pas faire sortir tous les chiens en même temps, mais par petits groupes. Ce n'est vraiment pas le moment d'avoir des accidents ! Nous terminons assez vite car il fait si froid qu'ils n'ont pas envie de rester longtemps à s'ébrouer dans le jardin.

Nous remplissons les gamelles d'eau et de nourriture pour tous nos pensionnaires avant d'aller nous occuper des chèvres. Sophie ouvre la porte d'entrée tandis que j'attrape la longe afin de les tirer à l'extérieur. Bien entendu, le froid polaire ne leur donne pas très envie de retourner dehors. Je dois persévérer.

— Par ici… Venez, mes jolis…

La chèvre avance de quelques pas, hésite, reprend sa marche. Je m'efforce de la rassurer :

— Allons, allons… Par ici… Viens…

Elle freine des quatre fers et refuse de sortir. Son chevreau se serre contre elle, tout craintif.

— Attends, j'ai une idée ! s'exclame Sophie en allant vers la maison.

Elle revient rapidement de la cuisine avec des carottes qu'elle met sous le nez de la chèvre. Incroyable ! Elle les renifle à peine et détourne aussitôt la tête. Et paf, ça y est ! Ce qu'on craignait arrive : elle lâche un jet d'urine au beau milieu de la pièce ! Sophie et moi échangeons des regards consternés… avant d'éclater de rire.

— Décidément, on n'a pas de chance.

— On est carrément maudites, oui ! Abonnées aux pipis et crottins de chèvre !

Tout en nettoyant, nous continuons à plaisanter.

— Alors petit chevreau, si tu veux faire comme ta maman, lâche-toi maintenant, d'accord ? Parce que après, ce sera interdit, tu comprends ?

— Et de toute façon, on fera la grève du nettoyage, pouffe Sophie.

Pendant que nous parlons, la chèvre se décide à mettre le museau dehors, suivie de son chevreau. Je bondis pour attraper sa longe. Elle fait quelques pas, histoire de se dégourdir les pattes, puis se laisse de nouveau tirer docilement à l'intérieur.

Une fois l'accueil redevenu impeccable, nous allons rendre visite à Baronne et à ses chatons, dans la salle de convalescence. Nous la découvrons qui ronronne, pendant que trois de ses bébés sont en train de téter. Mais Hulk se tient un peu à l'écart et ne bouge pas. Mon cœur fait un bond. C'est impossible ! Il n'est pas…

Sophie me regarde avec des yeux épouvantés.

— Tu crois qu'il est ?…

Sa question me force à réagir.

— Non. Il doit avoir froid, c'est tout.

— Tu as raison.

Sophie touche son corps, au niveau du cœur. Elle hésite, puis s'active et va rapidement chercher une petite couverture qu'elle étale sur la table d'examen. Nous enveloppons délicatement le chaton à l'intérieur. Ses battements cardiaques doivent être très faibles ; je n'arrive pas à les sentir. Sophie se sert du stéthoscope de Grand-mère pour l'ausculter. Elle pose le rond sur la poitrine du chaton ; secoue la tête.

— Je n'entends rien, murmure-t-elle. Je vais essayer autre chose.

Elle repose le stéthoscope et commence à frotter doucement le corps de Hulk avec la serviette.

— On va suivre les indications du docteur Kahn, m'explique-t-elle.

Elle le frotte durant de longues minutes, avant d'arrêter et de reprendre le stéthoscope. Le chaton ne réagit toujours pas. Sophie hésite.

— Je crois que…

Ma gorge se serre au moment où elle prononce les paroles que je ne veux pas entendre.

— Je crois qu'il est… Je crois qu'il est…

Durant un instant, je m'arrête de respirer. Non, c'est impossible ! Pas notre petit Hulk ! J'essaie de réfléchir.

— On pourrait le mettre sous oxygène ? Ou bien lui faire un massage cardiaque ? Je sais bien qu'il faut être professionnel pour avoir le droit de le faire, mais là c'est une question de vie ou de mort, pas vrai ? On a le droit de tout essayer, non ?

Les larmes aux yeux, Sophie secoue de nouveau la tête. Elle soulève l'une des pattes du chaton et balbutie avec effort :

— On a fait… tout ce qu'on… tout ce qu'on pouvait, mais il était… Il était déjà mort.

— Oh nooooon !

Cette fois, j'éclate en sanglots. Sophie s'effondre à son tour.

— C'est à cause de nous, tu crois ? je demande. On a fait quelque chose de mal ?

Ma cousine sort un mouchoir et se tamponne les yeux.

— Non, non…

— C'est moi, alors ? Quand je t'ai laissée toute seule ?

— Mais non, pourquoi ? Tu n'y es pour rien, Zoé. Une fois, Grand-mère m'a expliqué que dix pour cent des chatons mouraient durant leurs premières semaines. Pour les chats persans, on ne sait pas pourquoi, le pourcentage est encore plus élevé. La panne d'électricité a compliqué les choses…

— Mais le groupe électrogène a fonctionné ! Souviens-toi ! La lampe s'est rallumée.

— Oui, tu as raison. Enfin, il y a eu quand même quelques minutes…

— Rappelle-toi, je t'assure, on a vu Hulk téter après !

Sophie ne répond pas. Elle reprend un moment plus tard, des sanglots dans la voix :

— On n'a rien fait de mal, on n'a pas eu de chance, c'est tout. Il était tellement petit, ce chaton… Minuscule par rapport aux autres.

Je ne peux pas m'empêcher de pleurer encore à la vue de Hulk. Dire qu'il n'a pas eu le temps de vivre deux jours entiers… Quelle tristesse ! Je le recouvre délicatement avec la serviette.

— Je crois qu'on devrait rappeler le docteur Kahn et lui raconter tout ce qui se passe ici, dis-je. On a besoin d'aide.

— Tu veux bien t'en occuper ? articule Sophie en se dirigeant vers la porte. Tu lui demanderas aussi combien les autres chatons devraient peser. Je veux être sûre qu'ils prennent suffisamment de lait.

— Qu'est-ce que tu vas faire pendant ce temps ?

— J'ai besoin de prendre l'air, dit-elle avec effort. Je vais aller mettre du sel dans l'allée et commencer à pelleter. Grand-mère finira bien par rentrer. Je ne voudrais pas qu'elle glisse sur le verglas.

Au moment où elle ouvre la porte, la lumière se rallume dans la pièce. Le ronronnement du groupe électrogène s'arrête ; l'électricité fonctionne à nouveau normalement. Je pousse un énorme soupir de soulagement à travers mes larmes.

Quelques minutes plus tard, Sophie a répandu du sel devant la maison. Elle me rejoint dans la cuisine et nous buvons une tisane, avant de ressortir. J'en profite pour lui raconter ma conversation avec le docteur Kahn. Je me sens toujours aussi triste, mais un peu moins coupable.

— Il pense comme toi qu'on n'aurait rien pu faire de plus pour Hulk. Et quand je lui ai parlé des autres animaux, il m'a dit qu'on s'était bien débrouillées. Il était content que Ginger se porte mieux.

— Et pour la chèvre ?

— Je lui ai raconté, bien sûr ! Il trouve incroyable que quelqu'un l'ait abandonnée là.

— N'empêche, ça fait du bien d'entendre ça, lance Sophie. On n'a pas tout fait de travers.

Le téléphone sonne juste à ce moment-là. Je décroche.

— Allô, dit la maman d'Isabelle. Le trafic routier a repris. Je pense venir chercher les chèvres d'ici une demi-heure. Je m'occuperai aussi de prévenir la police.

Ce sera un souci de moins. J'allume la télévision. Le journal de 19 h 30 vient de débuter. Un journaliste explique qu'une panne d'électricité a bloqué une partie du pays. Maintenant, les choses sont rétablies : les routes sont éclairées, les gens vont pouvoir reprendre leurs voitures pour rentrer. Le trafic aérien a également repris.

Je résume, d'une petite voix :

— Tout va rentrer dans l'ordre, si je comprends bien.

— Exactement, affirme Sophie. Dans un jour ou deux, tout sera de nouveau comme avant.

En réalité, je sais qu'elle pense comme moi à notre petit Hulk. Tout va rentrer dans l'ordre, oui, sauf que cet adorable chaton ne sera plus là.

Chapitre 10

Il est presque 20 heures. Sophie appuie sur l'interrupteur qui commande l'éclairage extérieur de la maison.

— Allez, j'y vais ! lance-t-elle d'un ton décidé.

Elle sort par l'arrière pour aller chercher une pelle dans la remise. Il me faut quelques secondes pour me lever à mon tour, d'un mouvement énergique.

— Attends ! dis-je en enfilant mon manteau. Je viens déneiger avec toi.

— Laisse tomber, Zoé ! Tu détestes le froid…

— Il faut bien que je m'adapte !

J'attrape une pelle et suis ma cousine. Le sel a commencé à faire son office sur le sol, si bien qu'il n'est pas si difficile de déneiger. De plus, ce travail physique empêche d'avoir froid. Finalement, nous avons assez vite terminé.

— Qu'est-ce qu'il y avait d'autre sur la liste ? demande Sophie.

— Je crois qu'on a tout fait.

— Alors, allons nous préparer quelque chose à manger ! Si mademoiselle la cheffe cuistot veut bien me donner des directives ?

Décidément, je sens que ma cousine veut me changer les idées. Je dois encore avoir l'air un peu triste, malgré moi.

— Je suis sûre que tu sauras t'en tirer sans directives, je rétorque, ne serait-ce que pour cuisiner une entrée ! Tu trouveras bien de quoi faire…

— … une bonne salade ! termine Sophie, en me lançant un clin d'œil.

Nous retournons dans la cuisine. J'explore la pièce du regard. Avant de cuisiner, je vais dresser la table. Je fouille dans les tiroirs du vaisselier à la recherche d'une jolie nappe. Puis je prends trois assiettes de fête, celles dont on ne se sert pas beaucoup. Je mets les couverts et glisse des serviettes pliées en éventail dans les verres à pied. Je dispose des petites bougies dans des photophores. Je fais un pas en arrière pour regarder le résultat.

Pas mal du tout ! Sophie est en train de couper du fenouil cru en tranches fines.

— Avec de la mozzarella et de la sauce vinaigrette, ça vous convient, cheffe ?

— Oh oui, super !

Je fouille dans les placards de la cuisine et le réfrigérateur pour imaginer le reste du repas.

— Patates au four et œufs au bacon, qu'est-ce que tu en penses ?

— Génial ! s'exclame Sophie. On va faire la fête ! On l'a bien mérité...

Je sors les pommes de terre du garde-manger, les lave, puis les glisse au four dans un plat, avec un peu de gros sel.

— Aujourd'hui, je te propose d'oublier les bonnes résolutions de menus équilibrés, je déclare en disposant ensuite un bol de chips sur le comptoir. Tu veux bien couper quelques tranches de saucisson ?

— Ça me va, répond Sophie. Je meurs de faim.

Je m'installe sur l'un des tabourets hauts, devant le comptoir. Ma cousine sort deux verres qu'elle remplit de jus de pomme. Nous les levons et les faisons tinter l'un contre l'autre.

Nous commençons à boire en silence. Au bout de quelques secondes, je prends la parole :

— C'est Thanksgiving, alors tâchons de trouver des choses positives à dire... D'abord, je te remercie parce que tu danses super bien. Maintenant, je suis trop forte en hip-hop.

— Non, c'est moi qui te remercie. La danse contemporaine, je vais peut-être m'y mettre… un jour.

— On peut se remercier aussi mutuellement pour tout le ménage qu'on a fait, dis-je en pouffant. Je crois qu'on est devenues championnes mondiales de nettoyage de crottes !

Sophie rit à son tour.

— Tu as raison. Merci ! Merci ! Merci ! Merci aux serpillières, aux éponges, aux gants et aux produits de nettoyage !

— Merci au groupe électrogène !

Sophie ajoute encore :

— Merci au docteur Gabriel, au docteur Kahn, à Grand-mère, à la mère d'Isabelle, à la télé et à Internet qui nous ont tenues informées…

— Et aussi, merci parce que tu ne t'affoles jamais quand il y a un problème.

— Non, c'est moi qui te remercie parce qu'on a tout fait ensemble et on ne s'est jamais laissées tomber.

Tout à coup, une voix familière nous fait sursauter :

— Moi aussi, je vous remercie, mes chéries. J'ai l'impression que la clinique continue à tourner et que tout va bien ici, n'est-ce pas ? Je rêve où vous avez réussi à tout gérer comme des cheffes ? Même si... Hum, hum ! Je cherche à comprendre comment deux chèvres se sont retrouvées dans la salle d'attente...

Grand-mère est debout sur le seuil de la cuisine et elle nous adresse son plus beau sourire. Nous nous écrions d'une seule voix :

— Oooooh ! Grand-mère !

Nous nous retrouvons collées contre elle, exactement comme le petit chevreau avec sa mère. J'essaie de retenir mes larmes, mais des sanglots me secouent malgré moi. Je m'efforce d'expliquer ce qui s'est passé pour Hulk, mais je n'arrive qu'à balbutier :

— Il y a... Il y a eu... des chatons... Enfin... un... un chaton...

— Je l'ai vu dans la salle de convalescence, me murmure Grand-mère. On va s'en occuper. On lui fera le plus joli enterrement possible, ne pleure pas, ma Zoé.

Elle me caresse les cheveux.

— Ensuite, on aura encore le reste du week-end pour être tranquillement ensemble.

— ... et manger des cookies délicieux, ajoute Sophie.

J'ai l'impression qu'elle dit exactement tout ce que je désirais entendre. À cet instant, une sonnerie retentit. Ça vient de ma poche. Un appel vidéo de Maman ! Oh ! Merci, merci, merci !

Prendre l'avion avec son chien ou son chat

Quand on part en voyage, il est normal d'avoir envie d'emmener son animal. Cependant, les voyages en avion sont différents de ceux que l'on peut faire en train ou en voiture. Ils sont souvent longs et il n'est pas question de s'arrêter en cours de route ! Pour bien voyager en avion avec son animal de compagnie, il faut donc se renseigner sur la réglementation du pays où l'on va et sur celle de la compagnie aérienne que l'on prend. Et, bien sûr, s'y prendre suffisamment à l'avance pour tout faire à temps.

Formalités administratives

En plus de son billet d'avion (les compagnies aériennes font payer la présence à bord des animaux), le chien ou le chat doit avoir un passeport de santé, délivré par un vétérinaire. Ce document officiel prouve que l'animal a ses vaccinations à jour. C'est un passeport européen, si on reste dans les limites des pays d'Europe. En cas de sortie hors des frontières européennes, il faudra un certificat sanitaire international. Également délivré par le vétérinaire, il est rédigé en anglais et doit avoir moins de dix jours.

Formalités de santé

Dans tous les pays, le vaccin contre la rage (vaccin antirabique) est obligatoire. Selon les pays, d'autres vaccins comme ceux contre la leishmaniose, la toux du chenil, la maladie de Carré, ou encore l'hépatite de Rubarth peuvent être exigés. Certains pays demandent aussi que les animaux soient traités contre les parasites. Les vaccins doivent avoir été faits au moins cinq jours avant que les animaux prennent l'avion. Si les règles de vaccination exigées ne sont pas respectées, les animaux peuvent être mis en quarantaine à leur arrivée et leurs propriétaires devront payer des amendes. Pour être admis à bord de la plupart des avions, les animaux doivent être âgés d'au moins dix semaines.

Avant le voyage

On peut aider son chat ou son chien avant le voyage, en le rassurant et en lui montrant ses futurs bagages. On peut aussi lui montrer sa cage de transport et l'entraîner à entrer dedans et à en sortir. Ce sera une bonne préparation pour les contrôles de sécurité de l'aéroport.

Pendant le voyage

Un animal de compagnie est autorisé à voyager dans la cabine avec les voyageurs s'il pèse moins de huit kilos. (Attention, certaines compagnies n'acceptent aucun animal en cabine.) Sinon, il voyagera dans la soute de l'avion, avec les bagages. Le commandant de bord est alors prévenu de sa présence et règle la température de la soute pour qu'il n'ait pas froid. Dans tous les cas, les animaux doivent être transportés dans une caisse aux normes dont les dimensions sont réglementées.

Confort et nourriture

On doit arrêter de donner à manger à son chien ou à son chat deux heures avant de se rendre à l'aéroport. Une promenade fera le plus grand bien au chien avant de partir. À bord, on pourra caresser son animal et lui donner à boire, mais pas trop pour qu'il n'urine pas. En vol, il faut éviter de le nourrir pour qu'il ne risque pas de vomir ou d'avoir la nausée. Pour rassurer son animal, on peut prévoir un spray ou un collier imprégné de phéromones (odeurs) apaisantes au cas où l'animal serait inquiet ou stressé… Sans oublier un tapis absorbant dans la caisse pour les petits accidents !

Ouvrage composé par
PCA - 44400 REZÉ

Imprimé en Espagne par:
CPI Black Print
en mai 2021

S28197/03

MIXTE
Papier issu de
sources responsables
FSC® C003309

L'éditeur de cet ouvrage s'engage dans une démarche
de certification FSC® qui contribue à la préservation
des forêts pour les générations futures.

Pour en savoir plus :
www.editis.com/engagement-rse/

PKJ • POCKET JEUNESSE
www.pocketjeunesse.fr

92, avenue de France – 75013 Paris